"十四五"职业教育国家规划教材

Qiche Wenhua
汽车文化

（第3版）

黄关山　李洪泳　主　编
石也言　杨森才　肖文颖　副主编

人民交通出版社股份有限公司
北　京

内 容 提 要

本书是“十四五”职业教育国家规划教材，主要内容包括：汽车发展史、汽车结构基础、汽车品牌、汽车与生活、汽车安全与环保、未来汽车。本书从多视角、多方位，图文并茂地介绍了汽车技术和汽车文化发展的历史，讲述了汽车工业发展对人类进步的影响，介绍了世界著名的汽车品牌及其企业文化，讲述了汽车对人类生活、安全环保等方面的影响，最后介绍了汽车未来的发展方向。

本书可作为职业院校汽车类专业教学使用，也可供汽车驾驶、汽车维修、汽车营销及相关技术人员参考阅读。

图书在版编目(CIP)数据

汽车文化/黄关山，李洪泳主编. —3 版. —北京：人民交通出版社股份有限公司，2020.6

ISBN 978-7-114-16419-4

Ⅰ.①汽… Ⅱ.①黄…②李… Ⅲ.①汽车—文化—职业教育—教材 Ⅳ.①U46-05

中国版本图书馆 CIP 数据核字(2020)第 044194 号

职业教育改革创新教材

书　　名：**汽车文化**(第 3 版)
著 作 者：黄关山　李洪泳
责任编辑：翁志新
责任校对：孙国靖　扈　婕
责任印制：刘高彤
出版发行：人民交通出版社股份有限公司
地　　址：(100011)北京市朝阳区安定门外外馆斜街 3 号
网　　址：http://www.ccpcl.com.cn
销售电话：(010)59757973
总 经 销：人民交通出版社股份有限公司发行部
经　　销：各地新华书店
印　　刷：北京建宏印刷有限公司
开　　本：787×1092　1/16
印　　张：9.5
字　　数：215 千
版　　次：2011 年 8 月　第 1 版
2016 年 6 月　第 2 版
2020 年 6 月　第 3 版
印　　次：2024 年 7 月　第 3 版　第 4 次印刷　累计第 11 次印刷
书　　号：ISBN 978-7-114-16419-4
定　　价：38.00 元
(有印刷、装订质量问题的图书，由本公司负责调换)

职业教育改革创新教材编委会

（排名不分先后）

第3版前言 PREFACE TO THE THIRD EDITION

“十二五”期间,人民交通出版社以职教专家、行业专家、学校教师、出版社编辑“四结合”的模式开发出了“职业教育改革创新示范教材”,受到广大职业院校师生的欢迎。

为了紧跟汽车行业发展趋势,更好地适应汽车类专业实际教学需求,2015～2016年,人民交通出版社股份有限公司组织修订,出版了本套教材的第2版。2019年12月,人民交通出版社股份有限公司吸收教材使用院校教师的意见和建议,组织相关老师,对已出版的“职业教育改革创新示范教材”再次进行了全面修订,对个别不能完全适应学校教学的教材进行了重新整合,更新了教材内容,并对教材中的错漏之处进行了修正。

该套教材将先进的教学内容、教学方法与教学手段有效地结合起来,形成课本、课件(部分课程配)和数字资源(部分课程配)三位一体的立体教学模式。

《汽车文化》是其中一本,此次修订,主要对第三章和第四章部分内容进行了重新编写;对陈旧的内容、数据和车型进行了更新,力求把最新的汽车知识呈现给读者;配套的电子课件也进行了修订。

本书被评为“十四五”职业教育国家规划教材,根据评审专家意见,重印时增加了“思政小故事”(以二维码形式插入书中),每一章增加了“实训模块”和党的二十大精神相关内容,更换了部分图片。

本书由珠海城市职业技术学院黄关山和江门市新会机电职业技术学校李洪泳担任主编,石也言、杨森才、肖文颖担任副主编,参加编写的还有邓建民等老师。

限于编者的经历和水平,书中难免有不妥或错误之处,敬请广大读者批评指正,提出修改意见和建议,以便重印或再版时改正。

职业教育改革创新教材编委会

2023年7月

目录 CONTENTS

第一章 汽车发展史

知识目标

1. 了解世界汽车发展史；
2. 了解汽车科技演变史。

能力目标

1. 增强自主学习能力；
2. 提高信息归纳能力。

素养目标

1. 传承汽车文化，培养文化自信；
2. 弘扬工匠精神，养成精益求精的学习态度；
3. 激发爱国热情，树立为建设汽车强国而自强不息的人生目标。

建议学时

6 学时。

第一节　世界汽车发展史

汽车诞生至今已经有一百多年的历史，它与我们的生活息息相关，不仅提高了人类活动的效率，还为各行各业的发展带来了活力。汽车是人类智慧的伟大结晶，是道路上充满科技含量的艺术品，被誉为“改变世界的机器”。

请你认一认图 1-1 所示的汽车图标，你能说出它们分别是哪个国家的产品吗？

那么，什么叫作汽车呢？在我国，汽车是指由动力驱动，具有四个或四个以上车轮的非轨道承载的车辆。汽车通常用于载运人员和/或货物，牵引载运人员和/或货物，也有为完成特定运输任务或作业任务而将其改装或配有专用设备的专用车辆,但不包括专供农业使用的机械。全挂车和半挂车并无自带动力装置,它们与牵引汽车组成汽车列车时才属于汽车范畴。

图 1-1　汽车标志

一 汽车的起源

1 中国古代车辆的发展

最初的车辆,都是由人力来推动的,称为人力车。后来人们开始用牛、马拉车,称为畜力车。秦始皇统一中国后,大力发展国家车马大道(又称驿道),形成了以咸阳为中心的陆路交通网。当时的造车水平也达到了相当高的程度,秦始皇陵出土的铜马车(图1-2),代表了2000多年前中国造车的水平。

图 1-2　秦始皇陵出土的铜马车

在中国历代车辆发展过程中,有重要技术价值的还要数指南车(图1-3)和记里鼓车(图1-4)。指南车是三国时期一位名叫马钧的大技师发明的,它是一种双轮独辕车,车上立一个木人伸臂指南,只要一开始行车,不论向左或向右转弯,木人的手臂始终指向南方。记里鼓车是早在公元3世纪,中国最先发明的记录里程的仪器,可惜最初结构已失传,直到宋代才由燕肃重新制造成功。

图 1-3 指南车

图 1-4 记里鼓车

指南车和记里鼓车都是利用齿轮传动原理来进行工作的。它们的存在，体现了 1700 多年前中国车辆制造工程技术已达到的最高水平，以及中国古代制造技术的卓越成就。

到了 17 世纪后期，火药、蒸汽机、活塞运动机构等技术的应用，为汽车的发展带来了生机。

2 汽车发动机的萌芽

18 世纪中后期，工业大革命时期的重要人物英国人詹姆斯·瓦特(图 1-5)改良了蒸汽机(图1-6)，他将利用蒸汽冷凝产生真空从而产生动力的方式，改变为直接利用蒸汽压力的方式，通过曲轴将往复运动变为回转运动，使之成为“万能的原动机”，在工业上得到广泛应用。这一成果不仅对当时社会生产力的发展做出了杰出贡献，更为汽轮机和内燃机的发展奠定了基础。以蒸汽机作为动力机被广泛使用为标志，人类开启了第一次工业革命，人类社会从此进入了“蒸汽时代”。1807 年，美国人富尔顿制成的以蒸汽为动力的汽船试航成功。1814 年，英国人乔治·史蒂芬森发明了蒸汽机车。

图 1-5 詹姆斯·瓦特(1736—1819 年)

图 1-6 瓦特发明的高效率蒸汽机

1876 年，德国发明家尼古拉斯·奥托(图 1-7)根据四冲程工作原理，首创四冲程活塞循环，设计并制造出了较为经济的四冲程往复式活塞内燃机。这种内燃机以煤气为燃料，采用火焰点火，无论是功率还是热效率，都是当时最高的。它的工作原理与现代内燃机很接近，是第一台能代替蒸汽机的实用内燃机。

1883 年 8 月 15 日，戈特利布·戴姆勒和威廉·迈巴赫在尼古拉斯·奥托四冲程发动机的基础上，通过改进开发出了第一台卧式汽油机（图1-8）。后来他们还制成了世界上第一台轻便小巧的化油器式、电点火的小型汽油机，转速达到了当时创纪录的750r/min，这也是世界上第一台立式发动机，取名为“立钟”，并在1885年4月3日取得了德国专利。

图1-7 尼古拉斯·奥托(1832—1891年)

图1-8 第一台卧式汽油机

1892年，德国工程师鲁道夫·狄赛尔（图1-9）提出了压燃式柴油机的理论；1893年，狄赛尔制造出第一台样机（图1-10）；1897年，狄赛尔终于成功制造出了柴油机。柴油机是动力工程方面又一项伟大发明，它比汽油机油耗更低，动力更强，是汽车又一颗性能良好的心脏。后人为了纪念狄赛尔，将柴油机称作狄赛尔发动机，将柴油机的英文命名为“Diesel”。

图1-9 鲁道夫·狄赛尔(1858—1913年)

图1-10 狄赛尔发动机

二 近代汽车的诞生

1 第一辆蒸汽汽车

1769年，法国的陆军技术军官尼古拉斯·古诺（图1-11）造出了世界上第一辆利用机器作为动力的车辆。他将一台简陋的蒸汽机装在一辆木制的三轮车上（图1-12），蒸汽机驱动车辆行驶。它的速度仅为3.5～3.9km/h，而且每前进12～15min就需停车加热15min，该车因在后来的试车途中撞到墙上而损坏。

图 1-11　尼古拉斯·古诺(1725—1804 年)

图 1-12　世界上第一辆蒸汽机汽车

蒸汽机汽车虽然存在着速度慢、体积大、污染严重等不足,但它为现代汽车的发明奠定了基础,在汽车发展史上占有重要地位。

2 第一辆现代汽车的雏形

1885 年,德国工程师卡尔·本茨(图 1-13)在曼海姆设计制造出了一辆装有单缸汽油发动机的三轮车(图 1-14),这就是世界上公认的第一辆现代汽车的雏形。该发明于 1886 年 1 月 29 日申请获得专利,被命名为“奔驰一号”,现收藏在德国的奔驰汽车博物馆内。卡尔·本茨因此被誉为“世界汽车之父”,1886 年 1 月 29 日也被公认为汽车诞生日。

图 1-13　卡尔·本茨(1844—1929 年)

图 1-14　奔驰专利一号车(1886 年)

卡尔·本茨的发明最初被人们所怀疑。当时曼海姆的报纸把他的车贬为无用可笑之物。卡尔·本茨的夫人为了回击一些人的讥讽,于 1888 年 8 月带领两个儿子驱车实验,他们从曼海姆出发,驶向普福尔茨海姆,全程 144km。这次历程为卡尔·本茨的发明增添了说服力,而卡尔·本茨的夫人也成为历史上第一位女驾驶员。由于行驶至维斯洛赫时,他们向一家药店要过一些汽油和水,因此,这里也被称为世界上第一个汽车加油站。

3 第一辆四轮汽车

1883 年 8 月 15 日,德国工程师戴姆勒(图 1-15)和迈巴赫发明了卧式汽油发动机,1884 年又推出了性能更好的立式发动机。他将立式发动机装在一辆木制自行车上,世界上第一辆摩托车就这样诞生了。1886 年,戴姆勒将汽油发动机装在为妻子生日买的马车上,世界上第一辆由汽油发动机作动力的四轮汽车(图 1-16)诞生了。这辆车的发动机排量为 1.1L,最大功率为809W(1.1马力),最高车速达到了14.4km/h。

图1-15　戈特里布·戴姆勒(1834—1900年)

图1-16　戴姆勒一号车(1886年)

由于戴姆勒对汽车的发展贡献也很大,所以他也被公认为以内燃机为动力的现代汽车发明者,与卡尔·本茨共同被誉为"现代汽车之父"。

19世纪末,强大的社会需求促使汽车技术得到了空前的发展。虽然世界上第一辆汽车的性能并不比马车优越,但是,它的巨大贡献是观念的变化:自动化的实现和内燃机的采用。因为这种车能自己行走,所以人们用希腊语中Auto(自己)和拉丁语中的Mobile(会动的)构成复合词来解释这种类型的车,这就是Automobile(汽车)一词的由来。

三 汽车的全面发展与完善

纵观一百多年的汽车发展史,可以总结出:汽车诞生于德国,成长于法国,成熟于美国,兴旺于欧洲,挑战于日本。汽车在这些国家和地区得到了空前的发展,时至今日,汽车工业已经造就了许多的巨头。下面从汽车技术、工业、外观等方面重点介绍汽车全面发展的历史过程。

1 汽车科技的起步

德国人发明了汽车,但在汽车初期发展阶段,贡献最多的却是法国人。1889年,法国人阿尔芒·标致(图1-17)成功研制出了齿轮变速器、差速器;1891年,法国人首次采用前置发动机后轮驱动的方式(图1-18),开发出了摩擦片式离合器;1895年,法国人开发出充气式橡胶轮胎;1898年,法国的雷诺一号车采用了箱式变速器、万向节传动轴和齿轮主减速器;1902年,法国的狄第安采用了流传至今的狄第安半独立悬架后桥。

之后,汽车在发动机、底盘、车身、电气设备等四大部分都有了长足的发展。本章第二节重点介绍关于汽车科技发展演变的详细过程。

2 汽车工业的发展

19世纪自然科学研究取得重大进展,1866年,德国人西门子制成了发电机;19世纪70年代,电器开始代替机器,成为补充和取代以蒸汽机为动力的新能源。随后,电灯、电车、电影放映机等新产品相继问世，第二次工业革命蓬勃兴起，人类进入了“电气时代”。在第二次工业革命的推动下，企业间竞争不断加剧，促进了生产和资本的集中，少数采用新技术的企业取代了大量技术落后的企业。

图 1-17　阿尔芒·标致(1849—1915 年)

图 1-18　标致Ⅲ型汽车(1891 年)

在第二次工业革命中，涌现的新兴工业，如电力工业、化学工业、石油工业和汽车工业等，都要求实行大规模的集中生产，使企业的规模进一步扩大，劳动生产率进一步提高。汽车工业经历了生产标准化的变革，经济危机的打击，第二次世界大战后无节制的疯狂发展及市场的空前繁荣，从一国经济走向多国经济，成为世界上第一个全球性充满激烈竞争的产业。

到了 21 世纪，世界汽车工业的发展出现新的特点，汽车产业的全球性联合重组步伐加快，技术创新能力成为竞争取胜的关键，采用平台战略、全球采购、模块化供货方式已成行业趋势。

1 汽车工业的产生

汽车在诞生之初，价格非常昂贵，对于人们来说绝对是奢侈品，因此只是少数贵族绅士们的娱乐工 具和身份的象征(图 1-19)。

从 19 世纪末到 20 世纪初，欧洲和美国相继出现了一批汽车制造公司，如德国的戴姆勒—奔驰公司、美国的福特公司、英国的劳斯莱斯公司、法国的雪铁龙公司、意大利的菲亚特公司等。但是由于当时技术尚未达到大量生产大型复杂机械产品的水平，加之贵族们将汽车作为奢侈品，一味追求豪华，导致汽车售价昂贵，销售量不高，无论是在欧洲还是在美国，都没有形成具有一定规模的汽车工业。

图 1-19　早期贵族绅士的象征

对于汽车工业的形成，美国汽车大王亨利·福特(图 1-20)功不可没。1893 年，他在自己简陋的小作坊里试制成一辆汽油机汽车(图1-21)。从小就有"天才机械师"美誉的福特本是一位农家子弟,但却醉心于钟表和机械制造。1903年,他成立了福特汽车公司,提出了将汽车由奢侈品变为生活必需品的主张,要求汽车可靠、耐用、操作简便、售价低廉、使用和维护费用低,即生产普及型汽车。此后,福特就开始致力于普及型汽车——T型车(Ford Model T,俗称Tin Lizzie或Fliwer)的开发。

图1-20 汽车大王亨利·福特(1863—1947年)

图1-21 1893年福特在自家后院制造的第一辆汽车

1908年,福特公司推出了闻名于世的T型车(图1-22)。福特采用创新的设计思路、高效的生产方式,创建与众不同的营销售后服务组织,赢得了广大消费者的认可。在长达20年的T型车生产销售期间,T型车被称为"运载整个世界的工具",并以其低廉的价格使汽车作为一种实用工具走入了寻常百姓家,美国也从此成为"车轮上的国度"。1909年,在西雅图举办的阿拉斯加太平洋世博会使汽车的地位得到了空前提升,福特T型车获得了纽约—西雅图汽车比赛的冠军(图1-23)。

图1-22 福特T型车

图1-23 福特T型车获纽约—西雅图汽车比赛冠军

1913年,福特公司在美国底特律市建成了世界上第一条汽车装配流水线(图1-24),T型车的各种零件首次被设计成统一规格,实现了总成互换;在大型总装车间,钟表制造业采用的总成装配法,被发展成为由机械传送带运送零件和工具的流水线装配法,极大地提高了工作效率;汽车装配时间从12.5h缩短到1.5h,从而大大降低了汽车的生产成本,售价最低的汽车只需265美元;流水线生产方式也成为其他汽车生产商争先效仿的方式;1908—

1927 年,福特公司累计生产了 1500 多万辆 T 型车,创造了空前的纪录。

1915 年,福特公司一家的汽车年产量就占美国汽车公司总产量的 70%,而当时生产汽车历史较长的德、英、法等欧洲各国的汽车总产量也不过是美国产量的 5%。1925 年 10 月 30 日,福特公司以平均每 10s 生产一辆 T 型汽车(图 1-25)的效率,创造了世界汽车生产史上的奇迹,福特也因此赢得了“汽车大王”的美誉。

福特生产 T 型车的经验为美国乃至世界汽车工业发展奠定了基础(图 1-26)。

图 1-24 1913 年福特汽车生产流水线

图 1-25 福特汽车生产车间

图 1-26 1915 年旧金山世博会福特 T 型车下线

2 汽车工业的初级发展阶段

美国的汽车工业率先发展起来后,由于欧洲汽车工业发展缓慢,美国汽车大量销往欧洲。美国汽车厂家为了降低运输成本,并避免整车运输造成的车身外壳损伤,采用全散件组装(Completely Knocked Down,CKD)方式,将美国生产的零部件运到欧洲就地装配成车出售。

第二次世界大战期间(图 1-27),各国汽车工业均为军事目的服务,生产坦克(图 1-28)、装甲车等军用装备,一定程度缓和了美国与欧洲汽车工业的竞争。

图 1-27 第二次世界大战中使用的车辆

图 1-28 供应战争用的大批量坦克

第二次世界大战结束后,随着经济复苏与政府支持的加强,欧洲汽车工业开始快速发展。特别是联邦德国在战后仅用了5年时间,就使汽车产量达到30万辆,超过了其战前的最高水平。许多欧洲汽车厂家,如德国大众、奔驰、宝马(BMW),法国雷诺(Renault)、标致(Peugeot,图1-29)、雪铁龙,意大利菲亚特(Fiat),瑞典沃尔沃(Volvo)等,均已闻名遐迩。

这一时期汽车工业保持了大规模生产的特点,世界汽车保有量激增,汽车工业发展的重心由美国转移到欧洲。

3 德国汽车工业的辉煌

第二次世界大战之前,德国汽车工业已具有很好的基础,戴姆勒—奔驰、霍希(图1-30)、大众等汽车公司均形成一定规模。第二次世界大战之后,随着德国国内汽车高速普及以及汽车出口竞争能力不断提高,汽车产量大幅度上升。1960年,德国汽车产量达到200万辆,10年内,汽车产量增长了5.7倍,年均增长率21%,从此成为欧洲最大的汽车生产国和出口国;到1971年,汽车产量进一步达到400万辆。

图1-29　标致历史博物馆

图1-30　奥迪之父——霍希(Horch)汽车

在德国汽车发展史上,值得一提的是“甲壳虫”汽车的发展。

1934年1月17日,著名汽车设计大师费迪南德·保时捷(Porsche,也译为波尔舍)向德国政府提交了一份设计一种新型的、广大群众买得起的“大众”牌轿车的建议书。保时捷的建议得到了“汽车迷”希特勒的批准,并迅速投入设计和试制。同时,德国政府提出一项汽车普及计划,筹建了由34万人集资入股的大众汽车公司。在希特勒的参与下,这种大众汽车的外形被设计成甲壳虫状,因而得名“甲壳虫”(Beetle)(图1-31)。

由于甲壳虫汽车结构简单、价格低廉、外形可爱,于是需求猛增。1949年,甲壳虫汽车开始大批量生产,到1955年,这种颇受市场青睐的甲壳虫汽车累计生产量达100万辆,出口到100多个国家。1972年2月17日,甲壳虫汽车累计生产量达15007034辆。1974年,由于产品进入不可抵御的衰落期,除在其他分厂和子公司继续以日产3300辆的速度生产外,甲壳虫汽车在大众总部沃尔夫斯堡全部停产。1981年,第2000万辆甲壳虫汽车在墨西哥的大众分厂开下了装配线。尽管后来被高尔夫新型汽车取代,但甲壳虫汽车仍然是世界上最畅销和最流行的车型之一。

德国的汽车公司总数不多,但每个都举世闻名,如奔驰(图1-32)、宝马、大众、奥迪(Audi AG)、欧宝(Adam Opel AG)、保时捷(Porsche AG)、曼(Man AG,图1-33)等都是在世界范围内久负盛名的企业。

图 1-31 畅销全球的甲壳虫汽车

图 1-32 奔驰跑车

图 1-33 德国曼卡车

4 日本汽车工业的飞跃

日本汽车制造业始于吉田真太郎。1904 年，他成立了日本第一家汽车厂——东京汽车制造厂（现五十铃汽车公司），3 年后制造出第一辆日本国产汽油轿车“太古里 1 号”。日本汽车凭借其高性价比、低油耗和工艺精良，在全球赢得了较大市场。日本主要的汽车厂家有：丰田汽车、日产汽车、本田汽车、斯巴鲁汽车、马自达汽车、三菱汽车、五十铃汽车、铃木汽车、大发汽车等。

20 世纪 60 年代，日本丰田汽车公司探索出独特的、令人耳目一新的“丰田精益生产方式”（图 1-34）。它是以“精益思想”为根基，以寻求“消除一切浪费，力争尽善尽美”为最佳境界的崭新生产经营体系。从产品计划开始，通过制造的全过程、协作系统的协调一直延伸到用户，它一改以往制造业在大量生产方式体制下的经营思想，变革为以“传票方式”（看板方式）为代表的“三及时”理念，即“在必要的时间—按必要的量—生产必要的产品”，以不断地降低成本、无废品、零库存和无止境的产品更新为目标，因而被理论界称之为“精益生产方式”。这一思想是丰田集体智慧的结晶，它由丰田普及到日本汽车工业，将日本推向世界汽车王国之列，又从汽车工业扩展到整个制造业，使日本成为世界经济列强之一。日本的这种先进生产方式目前已为各国所效仿。丰田汽车公司总部设在东京和丰田市（图 1-35）。

图 1-34 丰田汽车生产线

图 1-35 日本汽车城——丰田市

1980 年，日本汽车产量首次突破 1000 万辆大关，达到 1104 万辆，汽车出口量猛增到 600 万辆，击败美国成为世界上最大的汽车生产国。日本也成为继美国、欧洲之后的世界第三个汽车工业发展中心，即世界汽车工业的重心从欧洲移向日本。

目前，日本汽车工业的特点为：产能旺盛、国内汽车市场接近饱和、出口优势明显。

5 韩国汽车工业的崛起

韩国的汽车工业起步比日本晚,最早开始生产汽车的公司是起亚汽车公司,始建于1944年12月。在第二次世界大战后,由于政治局势动荡,韩国的汽车产业发展并不兴旺。

20世纪70年代,韩国政府实行“汽车国产化”政策,创立民族汽车品牌,走自主创新发展的道路,各汽车公司开始大规模引进国外生产技术。到1976年,韩国主要汽车生产率达85%以上,汽车生产能力扩大,同时各汽车企业不遗余力地培育自主创新能力,比较成功的是现代汽车公司,其主导产品为轿车和商用车。

国产化政策使韩国的汽车工业获得了飞速发展,形成了以现代汽车(图1-36)、起亚汽车、大宇汽车、双龙汽车(图1-37)及三星汽车为主的市场格局。但是由于1998年亚洲金融危机,韩国的汽车工业受到严重打击,双龙、大宇、三星汽车均被外国资本控股,现代汽车和起亚汽车合并为现代起亚汽车集团。2018年现代起亚汽车集团以740万的销量成为仅次于大众集团、丰田集团、雷诺日产联盟、通用汽车的全球第五大汽车集团。

图1-36 韩国现代汽车ix25

图1-37 韩国双龙汽车

6 世界汽车工业的大格局

从20世纪90年代后期开始,一些大型汽车公司相继出现资产重组及联合兼并的事件,对全球汽车工业产生了较大影响。主要事件有:奔驰与克莱斯勒的合并;吉利收购沃尔沃轿车公司;雷诺以出让商用车公司为代价而取得沃尔沃集团公司21.8%的股份;雷诺与日产以交叉持股(前者在后者占有44 %的股份,后者在前者拥有15%的股份)的方式结成战略联盟等。

世界汽车工业在20世纪末基本形成所谓的“ 6 + 3 ”竞争格局。“ 6 ”指的是通用、福特、戴姆勒—克莱斯勒、丰田、大众、雷诺—日产, 6 家公司合计年产销量占世界总量的比例超过80%;“3”指的是相对独立自主的本田、标致—雪铁龙(PSA)、宝马 (BMW)。9家公司年产销量占世界总量的比例约为95%。

因此,全球汽车(尤指轿车和轻型车)工业总的竞争态势是大企业、大集团(一般均是跨国公司)主宰和垄断市场,引领潮流,这是不容置疑的客观现象,并且将长期存在。

7 中国汽车工业的发展

(1)中国开始出现汽车

1901年冬天,匈牙利人Leinz(李恩时)将两辆美国产的Oldsmobile(奥兹莫比尔)汽车运到上海租界,专供外国人使用,中国首次出现了汽车。

1902 年，慈禧太后也拥有了汽车，成为皇宫第一位有车族。据说，这辆车是当年袁世凯送给慈禧太后的厚礼(图 1-38)。而今，这辆珍贵的汽车——中国头号汽车古董，仍然静静地停放在北京颐和园的“德和园”。据悉，这辆车是美国产品，制造于 1896 年，其生产厂为一家历史比著名的福特汽车公司还早的公司——马萨诸塞州图利亚汽车与弹簧公司(Duryea Moeor Wagon Company of Springfield)。

(2)中国开始生产汽车

1912 年，中国革命先驱者孙中山先生在江阴视察江防工作时，曾做了“关于道路与自动车建设”的专题报告，阐明了修筑公路、开办长途客货汽车运输对货物流畅、便利交通、发展经济的重要作用，并在其 1920 年发表的《建国方略》(图 1-39)一书中提出了发展汽车工业的作用。

图 1-38 袁世凯送给慈禧太后的汽车

图 1-39 《建国方略》

中国生产的第一辆汽车于 1929 年 8 月在沈阳问世，由辽宁迫击炮厂研制。此车为“民生牌”75 型载货汽车(图 1-40)，发动机输出功率为 48.49kW，额定载质量 1.82t，设计车速为 25km/h。此车曾于 1931 年 9 月 12 日在上海展览会上展出，蒋介石派张群作代表参加展览会，当时的外交部部长王正延、实业部长孔祥熙等亲自到会祝贺。

后来，由于日本发动侵华战争(图 1-41)，日本帝国主义入侵东三省，中国汽车工业刚刚起步就被扼杀了。虽然一些仁人志士曾数次筹划发展中国的汽车工业，但是由于帝国主义的侵略、政府的腐败无能等原因，都未能实现。可以说，新中国成立前中国没有真正的汽车工业。

图 1-40 “民生牌”75 型载货汽车

图 1-41 位于沈阳的“九·一八”日本侵华历史博物馆

(3)新中国的汽车工业起步阶段

新中国成立后，建立民族汽车工业被提到重要的议事日程上。1950 年初，毛泽东主席和周恩来总理在莫斯科与斯大林会谈时,把建设汽车制造厂作为第一个五年计划期间苏联援助中国的重要项目之一。

1950年2月,中央重工业部设立汽车工业筹备组,主要负责人有郭力、孟少农等;同年4月,确定在吉林省长春市建立第一汽车制造厂(简称"一汽")。

1951年,中央批准汽车工厂的初步设计方案;1952年,开始进行技术设计和施工设计。

1952年4月,郭力(图1-42)被任命为一汽厂长。

1952年12月,党中央任命饶斌(图1-43)为一汽厂长。

图1-42　郭力

图1-43　饶斌

1953年6月,中央指示力争三年建成一汽;同年7月15日,在吉林省长春市孟家屯举行了隆重的建厂奠基典礼(图1-44)。毛主席亲笔题词"第一汽车制造厂奠基纪念",一汽建设正式破土动工(图1-45)。

图1-44　一汽建厂奠基

图1-45　建设一汽的场面

1956年7月14日,第一批解放牌CA10型4t载货汽车(图1-46)出厂,当年产量达1600多辆。这标志着中国不能制造汽车的历史从此结束(图1-47),"一汽"也因此被誉为中国汽车工业的摇篮。

1957年5月,第一机械工业部正式通知一汽研发轿车。首先研制的是名为"东风"的普及型轿车。1958年5月5日,一汽生产出第一辆东风CA71型轿车(图1-48),迈出了中国人自制轿车的第一步,在"乘东风,展红旗,造出高级轿车去见毛主席"的口号中,把轿车送进了中南海(图1-49)。毛主席坐着这辆车在中南海的草坪上绕了两圈,高兴地说"坐上我们自己造的小汽车了"。

图 1-46　解放 CA10 型载货汽车

图 1-47　第一批解放牌货车出厂时的情景

图 1-48　东风 CA71 型轿车

图 1-49　东风轿车

1958 年 6 月，一汽开始试制 CA72 型红旗牌高级轿车。同年 7 月，红旗 CA72 型高级轿车(图 1-50)试制成功，历时一个半月。1963 年 8 月，一汽建成具有小批量生产能力的红旗轿车生产基地。经过改进产品性能和质量，又试制出 CA770 型三排座高级轿车(图 1-51)。1966 年 4 月，首批 20 辆红旗轿车被送到北京，作为国家主要领导人的公务用车。

图 1-50　红旗 CA72 型高级轿车

图 1-51　红旗 CA770 型三排座高级轿车

同样在 1958 年，北京汽车制造厂研制的“井冈山”牌小轿车、上海打造的“凤凰”牌轿车也被作为向新中国的献礼生产出来。1958 年 9 月，第一辆国产凤凰牌轿车(图 1-52)诞生，开创了上海制造汽车的历史。1964 年，凤凰牌轿车更名为上海 SH760，该车一直到 20 世纪 80 年代桑塔纳轿车投产后才退出历史舞台。

1960 年,全国汽车总产量已从 1955 年的 61 辆提高到 22574 辆。当时,与日本、韩国等邻国相比,按照苏联模式发展起来的中国汽车工业的起点并不算低。要知道在 20 世纪 50 年代初,日本本田还只会造两轮的摩托车,而韩国现代尚没有生产汽车的念头呢。

1965 年,出于国际形势和国家安全等各方面的考虑,我国开始在湖北十堰筹建第二汽车制造厂(简称"二汽")。4 年之后,二汽破土动工,并从一汽抽调人员援建二汽,从产品设计、工艺工装、人员培训直至调试生产完全是自力更生。1976 年 6 月,建成东风牌 2.5t 越野车生产基地。二汽的建成,标志着中国已具备自己设计制造汽车和建设大型货车制造厂的能力。二汽所生产车型是一汽刚刚研发的 EQ140 载货汽车(如图 1-53),而一汽则继续生产"老解放"。

图 1-52 第一辆凤凰牌轿车

图 1-53 EQ140 货车

除此之外,四川汽车制造厂于 1974 年正式生产红岩牌 CQ260 型军用 6t 越野车(图 1-54);1968 年开始建设的陕西汽车制造厂,于 1975 年投产延安牌 SX250 型 5t 军用越野车。在"文革"大动乱的年代,中国的汽车工业能够取得这样的发展是难能可贵的。

不过,从 1958 ~ 1983 年,中国轿车用了 25 年的时间才将年产量突破 5000 辆,可以说这个时期轿车工业的发展比较缓慢。客观地说,1953 ~ 1984 年中国汽车工业基本上是货车工业,是中国汽车工业的起步阶段。

(4)合资合作阶段

1984 年 1 月,中国汽车的第一个中外合资企业——北京吉普汽车公司诞生了(图1-55)。当时的北京吉普是国内越野车企业的绝对"老大"。

图 1-54 红岩牌 CQ260 重型军用越野汽车

图 1-55 北京吉普切诺基

有了问路石的经验,中国汽车很快就进入了第一轮合资浪潮。1985 年,上海大众汽车公司成立。同年,南京汽车制造厂引入了意大利菲亚特的依维柯汽车;广州汽车与法国标致的合资项目也获批准。被桎梏了 30 余年的轿车工业开始大步向前。

在 1986 年的全国六届四次人大会议上,“把汽车制造业作为重要支柱产业”被写进了“七五”计划。当年,全国轿车总量就突破了 1 万辆,是上一年的 2.3 倍。此后连年大幅上升,到 1994 年,轿车产量已超过 25 万辆,上海大众汽车公司这样的单一轿车生产企业也逐渐超越了一汽、二汽等大集团,成为中国汽车行业的领头羊。

(5)快速发展阶段

1994 年,是中国汽车史,特别是轿车史上值得纪念的一年。在这一年,影响中国汽车工业发展近 10 年的《汽车产业发展政策》出台了,汽车工业从此开始快速发展,汽车逐渐开始进入千家万户。

到 1998 年,中国汽车的总产量达到了 162.8 万辆,成为世界上第十大汽车制造国。就在这一年,中国轿车的第二轮合资热潮开始了,上海通用(图 1-56)、广州本田破土动工,其后别克、雅阁轿车落户中国,使国产汽车的词典里又多了个“中高档轿车”的名词。

图 1-56　上海通用汽车公司

在此期间,一汽—大众、二汽神龙汽车公司也站稳了脚跟,开始向连续多年位居国内汽车企业榜首的上海大众汽车公司发出挑战。近年来,又成立了北京现代、华晨宝马、东风日产、广汽丰田等合资汽车公司,使中国的汽车产品水平和生产能力进一步提高。

近 20 年来,中国汽车产销量以每年 15% 的速度增长,是世界平均速度的 10 倍,已成为世界三大汽车生产国之一。2010 年中国汽车产销量双双超过 1800 万辆,位居全球产销量第一。至 2021 年,我国汽车产销量已经连续 13 年蝉联全球第一。

中国汽车工业的高速发展,证明中国汽车产业也能引领世界,超越发达国家的产量。接下来中国在继续扩大产能的同时,还将重点发展汽车研发和制造技术及由其带来的相关产业,中国汽车产业的未来将寄希望于我们年轻人的身上!

四 汽车外观和内涵的发展

从 19 世纪末到 20 世纪初期,汽车设计师把主要精力放在了汽车的机械工程学的发展和改革创新方面。20 世纪中期之前,汽车的基本构造已经全部被发明出来。20 世纪 40 年代开始相继引入了空气动力学、流体力学、人体工程学以及工业造型设计(工业美学)等概念,力求让汽车能够满足各种年龄、阶层、个性、性别,甚至各种文化背景的人的不同需求,使汽车真正地成为科学与艺术相结合的最佳表现形象(图 1-57)。

图 1-57　布加迪 Type Streamliner 概念车

汽车车身形式在发展过程中主要经历了马车形汽车、箱形汽车、甲壳虫形汽车、船形汽车、鱼形汽车、楔形汽车。

1 马车形汽车

我国古代就有“轿车”一词,是指用骡马拉的轿子。当西方汽车大量进入中国时,正是封闭式方形汽车在西方流行之时。那时汽车的形状与我国古代的“轿车”相似,并与“轿车”一样让人感到荣耀。于是,人们就将当时的汽车称为轿车。最早出现的汽车,其车身造型基本上沿用了马车的形式,称为“无马的马车”。著名的福特T型车是马车形汽车的佼佼者。1908年福特推出T型车时,车身由原来的敞开式改为封闭式,其舒适性、安全性都有很大提高。福特将他的“封闭式汽车”(Closed car)称为Sedan。马车形汽车如图1-58～图1-61所示。

图1-58 维洛牌小客车

图1-59 标致牌小客车(1894年)

图1-60 1903年福特A型车(2缸8马力)

图1-61 1910年福特T型车

2 箱形汽车

汽车行驶时,迎面风使驾乘人员难以忍受。同时,由于发动机的尺寸越来越大,只好将其布置在汽车的最前面,这就使得汽车变成车头和客舱两个方正的形状。这种造型的汽车,从整体上看是四方形的,形似箱子,并装有车门和车窗,称箱形车(图1-62)。箱形汽车在造型中没有引进空气动力学原理,可以说是技术尚未成熟时代的产物。

图1-62 第一代奔驰136系列170V

3 甲壳虫形汽车

欧洲的汽车形成了由产品单一到多样化的变革。针对美国车型单一、体积庞大、油耗高等弱点,欧洲各国利用本国的技术优势,开发多品种和轻便普及型汽车,形成了多姿多彩的新车型。奇特的甲壳虫形汽车就是其中最著名的一种。

1937 年，德国设计天才费尔南德·保时捷开始设计类似甲壳虫外形的汽车。甲壳虫不但能在地上爬行，也能在空中飞行，其形体阻力很小。保时捷最大限度地发挥了甲壳虫外形的长处，使甲壳虫形汽车成为当时流线型汽车的代表作。从 20 世纪 30 年代流线型汽车开始普及到 20 世纪 40 年代末的 20 年间，是甲壳虫形汽车(图1-63)的黄金时代。时至今日，甲壳虫汽车(图 1-64)依然畅销全球。

图 1-63 德国大众汽车公司生产的甲壳虫型轿车

图 1-64 新甲壳虫

4 船形汽车

甲壳虫形汽车存在着驾乘人员空间过分狭小、车身过短过矮、对横向风的稳定性差等问题。甲壳虫形汽车的全盛时期从 1934 年起，大约延续了 15 年时间。1949 年起，无论是美国还是欧亚大陆均风靡船形车身，这种车身是福特汽车公司首先推出的，它既考虑了机械工程学、流体力学等因素，又强调了以人为主体，注重乘员的舒适性和驾驶人的操纵性。1959 年美国通用汽车公司的旁蒂克·博纳维尔·维斯达轿车便是这种车型(图 1-65)。

船形车改变了以往汽车造型的模式，使前翼子板和发动机舱盖，后翼子板和行李舱融为一体，前照灯和散热器罩也形成一个平滑的面，车室位于车的中部，整个造型很像一只小船，所以人们把这类车称为“船形汽车”。从 20 世纪 50 年代开始一直到现在，不论是美国还是欧亚大陆，不管是大型车或者是中、小型车都采用了船形车身，从而使船形汽车成为世界上数量最多的一种车型。

5 鱼形汽车

船形汽车因尾部过分向后伸出，在高速行驶时会产生较强的空气涡流。为了克服这一缺陷，人们又开发出像鱼脊背的鱼形汽车。1952 年，美国通用汽车公司的别克牌轿车(图 1-66)开创了鱼形汽车时代。如果仅仅从汽车背部形状来看，鱼形汽车和甲壳虫形汽车是很相似的。但仔细观察，会发现鱼形汽车的背部和地面所成的角度比较小，尾部较长，围绕车身的气流也就较为平顺些，所以涡流阻力也相对较小。另外，鱼形汽车是由船形汽车演变而来的，所以基本上保留了船形汽车的长处，诸如车室宽大、视野开阔、车身侧面的形状阻力较小、造型更具有动感、乘坐舒适等，这些都远远地超过了甲壳虫形汽车的性能。鱼形汽车还特别地增大了行李舱的容积，所以更适合于家庭外出旅行等使用。正因为如此，鱼形汽车才得以迅速地发展。

图1-65　旁蒂克·博纳维尔·维斯达牌轿车

图1-66　1952年美国通用的别克牌轿车

但鱼形汽车也存在着一些致命的弱点:一是由于鱼形车的后窗玻璃倾斜得过于厉害,致使玻璃的表面积增大了1~2倍,强度有所下降,产生了一些结构上的缺陷;二是高速行驶时汽车的升力较大。鉴于鱼形汽车的缺点,设计师在鱼形汽车的尾部安上了一个上翘的“鸭尾巴”,以此来克服一部分升力,这便是“鱼形鸭尾式”车型(图1-67)。

6 楔形汽车

为了从根本上解决鱼形汽车的升力问题,人们设想了种种方案,终于开发出一种楔形汽车。这种车型将车身整体向前下方倾斜,车身后部像刀切一样平直,这种造型能有效地克服升力。1963年,美国人司蒂倍克·阿本提第一次设计了楔形小客车。楔形车在高速汽车的设计方面已接近于理想的造型。现在世界各大汽车生产国都已生产出带有楔形效果的小客车(图1-68)。这些汽车的外形清爽利落、简洁大方,具有现代气息,给人以美的享受。未来小客车的造型必然是在楔形车的基础上加以改进的,造型将更为平滑、流畅。

图1-67　鱼形鸭尾式汽车

图1-68　广汽本田奥德赛MPV

第二节　汽车科技的演变史

一　汽车发动机的演变史

1 汽油发动机的发展史

德国发明家尼古拉斯·奥托发明了第一台卧式汽油机之后,1893年德国人又发明了化油器,从此开创了化油器式汽油发动机(图1-69)的时代。

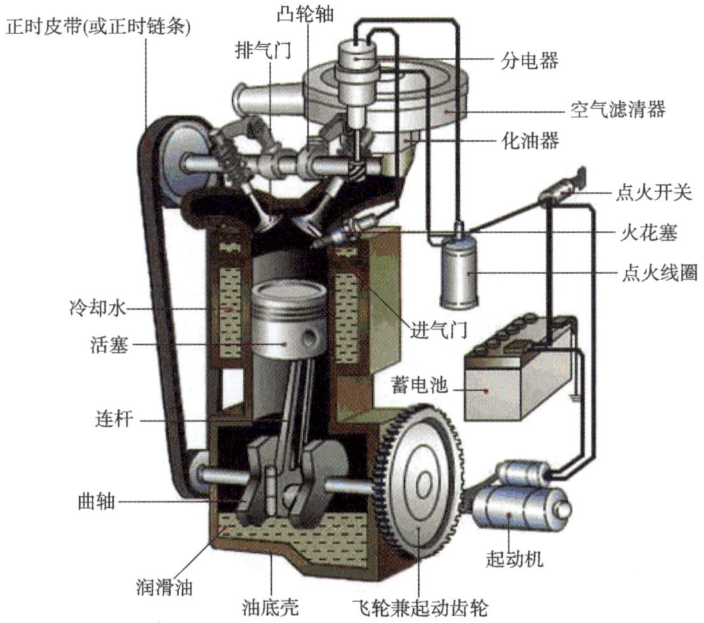

图 1-69 化油器式发动机

从早期的化油器发动机开始，人类在汽车发动机技术上不断创新，在提升燃料效率和降低能耗与污染物排放方面不断努力。从化油器到单点电子喷射、多点电子喷射再到多点顺序喷射，发动机不断进化，而缸内直喷技术无疑是人类在汽车发动机供油系统方面的最新成就。此外，涡轮增压、VVT(可变气门正时)等技术也让发动机的性能得到了更好的发挥。

化油器是传统发动机燃料供给系统的一个重要零部件。在汽油发动机发展的很长一段时间内都是采用这种燃料供给系统。

由于化油器式汽油机对可燃混合气成分的控制，是依靠其各种机械装置，无法使空燃比经常控制在 14.7∶1这个最佳比例上，因此“三元催化转换器”就不能发挥最大的净化功能。而且，化油器不能满足对现代汽车提出的降低污染、提高动力性和经济性的迫切要求。

自 20 世纪 90 年代以来，随着科技不断进步，尤其是电子技术的发展，电子控制的汽油喷射系统已取代了传统的化油器。我国政府也已规定，从 2001 年 7 月起，禁止生产化油器类轿车和 5 座客车，化油器逐渐退出历史舞台。

电子控制汽油喷射(Electronic Fuel Injection，简称 EFI)系统使发动机在各种工况下都能获得最佳空燃比的可燃混合气，从而使汽油机的动力性、经济性、净化性大幅度提高。

EFI 系统开始都是采用缸外单点燃油喷射系统(图1-70a)，在进气道节气门前用 1 ~2 个喷油器集中喷射，英文缩写为 SPI(Single Point Injection)。后来，电子控制的多点燃油喷射系统(图 1-70b)开始发展起来，进一步提高了喷油量的控制精度。

最新的汽油发动机缸内直喷技术(图 1-71)，借助电脑系统直接控制燃油的喷射时间、喷射压力和喷射量(图 1-72)，促进燃料燃烧效率提升 15% 以上，大大减少了废气中的污染物水平，对发动机功率的提升效果也非常明显。在欧美车系上一般都已采用了缸内直喷技术。

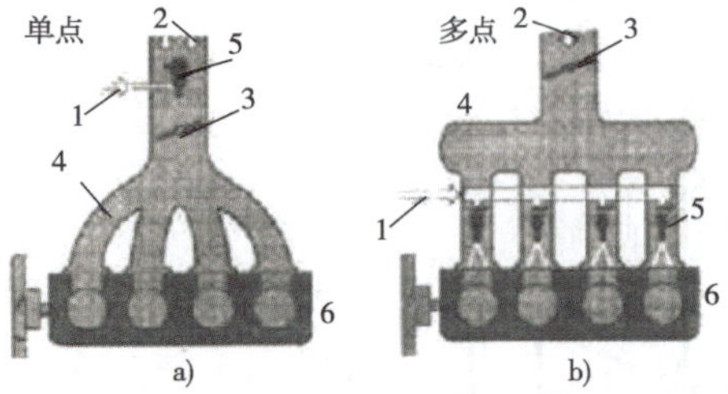

图 1-70　单点与多点燃油喷射结构简图
a)单点;b)多点
1-汽油;2-空气;3-节气门;4-进气歧管;5-喷嘴;6-发动机缸体

在汽油发动机的点火系统方面,也经历了由传统点火、半导体点火到计算机控制点火系统的发展演变过程。

2 柴油发动机的发展史

柴油发动机是燃烧柴油来获取能量释放的发动机。其优点是功率大、经济性能好,被广泛地应用于商用汽车上。柴油机在节能与二氧化碳排放方面的优势,也是包括汽油机在内的所有热力发动机无法取代的。德国大众汽车公司在柴油发动机技术的开发和应用上一直走在世界的前沿,可以说是德国大众汽车公司推动了柴油机的技术革新。

图 1-71　缸内直喷发动机

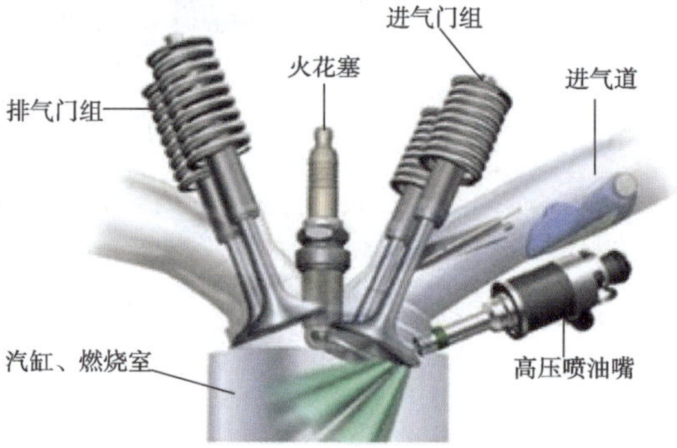

图 1-72　缸内直喷发动机内部构造

柴油发动机的发展历程:

1892 年,德国的狄赛尔发明了柴油机。

1976 年,德国大众汽车公司首先在高尔夫轿车上采用柴油发动机。

1989 年,德国大众高尔夫柴油车获得“低排放车”的称号。

1990 年,德国大众汽车公司首次推出增压、直喷柴油机。

1993 年,德国大众汽车公司开发出四缸涡轮增压直喷(TDI)柴油发动机,如图 1-73 ~ 图 1-75所示。

图 1-73　奥迪 V12 TDI 发动机

图 1-74　大众公司的 TDI 标志

图 1-75　搭载 V12 TDI 发动机的奥迪 Q7

1995 年，德国大众汽车公司开发出自然吸气式直喷(SDI)柴油发动机和变截面涡轮增压器。

1998 年，德国大众汽车公司开发出泵喷嘴技术。

2002 年，一汽—大众汽车公司率先将捷达 SDI 轿车投放中国市场。

2004 年，一汽—大众汽车公司引入涡轮增压直喷(TDI)柴油发动机技术，领路中国汽车新动力时代。

二 汽车底盘的演变史

1889 年，法国人标致(Peugeot)研制成功了齿轮变速器、差速器；1891 年，法国人开发出了摩擦片式离合器；19 世纪末，法国的帕纳尔勒瓦索公司将发动机装在车前部，通过离合器、变速装置和齿轮传动装置把驱动力传到后轮，这种发动机前置后轮驱动的方案后来被称为“帕纳尔系统”。

帕纳尔系统的地位是 1901 年由当时的戴姆勒发动机公司真正确立起来的，它被安装在威廉·迈巴赫设计的一辆汽车上，这种汽车成为全世界汽车制造商的样板。戴姆勒公司有一位杰出的汽车推销商，名叫埃米尔·那利内克，他很喜欢赛车。他用 10 岁女儿的名字“梅赛德斯”(图 1-76)作为汽车的牌号登记参加尼斯汽车大赛，并战胜了所有的对手，一鸣惊人。梅赛德斯汽车(图 1-77)从此开创了汽车新时代。

图 1-76　梅赛德斯

图 1-77　第一辆梅赛德斯汽车

1 雪铁龙创造前轮驱动汽车

继威廉·迈巴赫和亨利·福特之后，安德烈·雪铁龙(图 1-78)于 1934 年在法国树起了汽车史上的又一个里程碑。1919 年，这位法国企业家第一个在欧洲实行汽车的流水线生产。不久，雪铁龙汽车公司就成了欧洲又一个成功的大型厂家。

1934 年 3 月 24 日，一款名叫 7A 的新型前驱动汽车问世(图 1-79)。它采用前轮驱动、无底盘的车身结构、通过扭杆实现单轮减振以及液压制动系统等。其实这些技术都曾有人采用过，但从未有人把这些技术集中在一辆汽车上，并且成批生产。

2 变速器发展概况

距 1894 年法国工程师给一辆汽车安装了世界上第一个变速器至今，汽车变速器已经经过了一百多年的发展。

图1-78　安德烈·雪铁龙(1878—1935年)

图1-79　雪铁龙7A汽车

汽车上最早使用的手动变速器,经历了直齿滑动齿轮、接合套、同步器等换挡形式的发展过程。变速器的发展趋势是结构越来越复杂,自动化程度越来越高,因此自动变速器将是未来技术发展的主流。

图1-80　大众DSG双离合器自动变速器

目前,全球最先进的自动变速器DSG(双离合器自动变速器,图1-80),以前只应用于超级跑车,德国大众汽车公司将其应用到普通家用轿车上。DSG技术使得自动变速器换挡更加迅捷,动力损失更小,因此更加节油。

3 制动系统的完善

从汽车诞生时起,车辆制动系统在车辆的安全方面就扮演着至关重要的角色。1896年,英国人首次采用石棉制动片和转向盘,大大提高了汽车行驶的安全性。

最原始的制动控制只是驾驶人操纵一组简单的机械装置向制动器施加作用力,随着汽车质量的增加,助力装置对机械制动器来说已显得十分必要。于是,开始出现真空助力装置。1932年生产的质量为2860kg的凯迪拉克V16汽车,四个车轮采用直径419.1mm的鼓式制动器,并配有制动踏板控制的真空助力装置。

随着科学技术及汽车工业的发展,尤其是军用车辆及军用技术的发展,车辆制动有了新的突破,液压制动是继机械制动后的又一重大革新。Duesenberg Eight轿车率先使用了液压制动器。克莱斯勒的四轮液压制动器于1924年问世。

1936年,博世公司(图1-81)申请了一项电液控制的防抱死制动系统(ABS)专利,促进了防抱死制动系统在汽车上的应用。20世纪80年代后期,随着电子技术的发展,ABS开始广泛应用在汽车上(图1-82)。ABS大大提高了汽车的主动安全性和操纵性。

图1-81　博世集团标志

而在制动器方面,盘式制动器(图1-83)的应用越来越广泛。

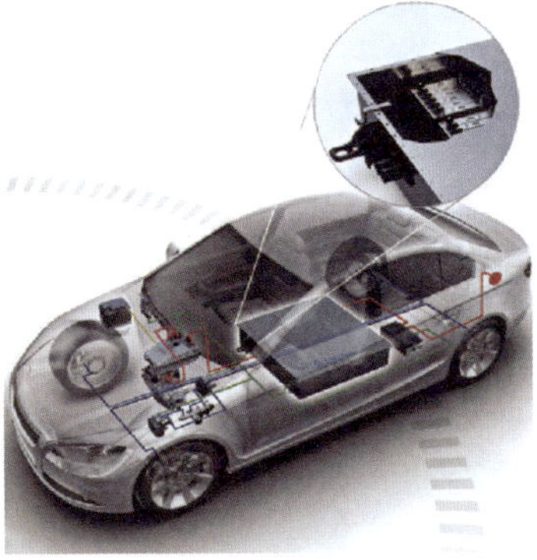

图 1-82　防抱死制动系统(ABS)

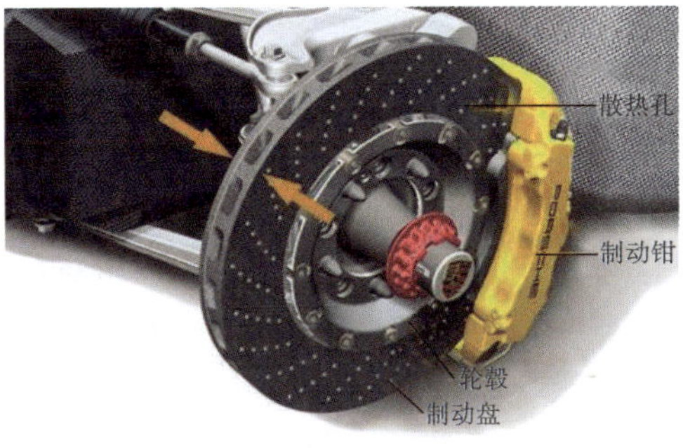

图 1-83　保时捷卡雷拉 GT 跑车钳盘式制动器

实训模块

1. 请同学们结合世界汽车工业发展史，上网观看《汽车百年》纪录片，并写出观后感。

2. 请同学们上网查找我国一汽的发展史料，了解我国汽车工业从无到有，从弱到强的发展之路，树立为建设汽车强国而奋发图强的目标。

思考与练习

一、填空题

1. 在中国历代车辆发展过程中，最有技术价值的是________和________。

2. 1886 年德国的工程师________发明了世界上第一辆三轮汽车，1886 年____月____日被认为是世界汽车诞生日。

3. 德国人发明了汽车，但在汽车初期发展阶段，贡献最多的是________，将汽车进行大范围推广和大规模生产销售的是________。

4. 1908 年福特公司推出了闻名于世的________，并开创了________装配法，极大地提高了生产效率。

5. 日本的第一大汽车公司是________，它独特的生产方式被理论界称为“________”。

6. ________年 4 月，中央重工业部确定在________建立第一汽车制造厂。

7. 我国的三大汽车集团公司是指________、________、________。

8. 2010 年，我国汽车产销量均超过________万辆，世界排名________。

9. 汽车车身形式在发展过程中主要经历了________、________、________、________、________、________六种类型。

二、判断题

1. 18 世纪中后期，工业大革命时期的重要人物——英国人瓦特进一步改良了蒸汽机，

为汽轮机和内燃机的发展奠定了基础。 ( )

2. 勒努瓦发明了柴油机。 ( )

3. 1769 年,法国的陆军技术军官尼古拉斯·古诺(Nicolas Joseph Cugnot)造出了世界上第一辆利用机器作为动力的车辆,该车采用蒸汽机作为动力装置。 ( )

4. 世界上第一辆汽车的雏形是卡尔·本茨于 1886 年 1 月 29 日发明的。 ( )

5. 戴姆勒—奔驰建成了世界上第一条汽车装配流水线。 ( )

6. 1953 年 7 月 15 日,第一汽车制造厂建设正式破土动工。 ( )

7. 2002 年,一汽—大众率先将捷达 SDI 轿车投放中国市场。 ( )

三、选择题

1. 被誉为中国汽车工业摇篮的是( )汽车公司。

A. 东风　B. 第一　C. 上海　D. 北京

2. 1956 年 7 月,我国第一批( )牌 CA10 型 4t 载货汽车在第一汽车制造厂出厂。

A. 红旗　B. 东风　C. 解放　D. 红岩

3. 我国的第一辆轿车—东风牌 CA71 型轿车于( )年 5 月诞生。

A. 1955　B. 1956　C. 1957　D. 1958

4. 1937 年,德国设计天才费尔南德·保时捷开始设计类似( )外形的汽车,保时捷最大限度地发挥了该车外形的长处,使其成为当时流线型汽车的代表作。

A. 甲壳虫形　B. 船形　C. 楔形　D. 马车形

5. ( )在柴油发动机技术的开发和应用上一直走在世界的前沿。

A. 德国大众　B. 日本丰田　C. 美国福特　D. 法国标致

四、问答题

1. 中国是从什么时候开始生产汽车的?谁曾提出要建立中国汽车工业的建议?

2. 新中国成立后,第一个汽车公司名称是什么?它的成立对中国汽车产业发展有何意义?

3. 中国汽车公司与国外汽车公司合资合作对中国汽车产业有何影响?

4. 日本汽车工业是如何腾飞的?

5. 简述汽车发动机的发展历史。

第二章

汽车结构基础

知识目标

1. 掌握汽车的分类；
2. 掌握汽车的基本结构和编号。

能力目标

1. 学会分辨汽车类型；
2. 理解汽车构造及其编号含义。

素养目标

1. 培养独立思考分析问题的能力；
2. 具备团队合作精神和与人沟通交流能力；
3. 树立为建设汽车强国而努力学习的理想。

建议学时

5 学时。

第一节　汽车的分类

一　按动力装置形式分类

汽车按照驱动力可分为内燃机(主要包括汽油机和柴油机等)车辆、混合动力车辆、电动车辆、燃料电池复合动力车辆等,如图 2-1 所示。

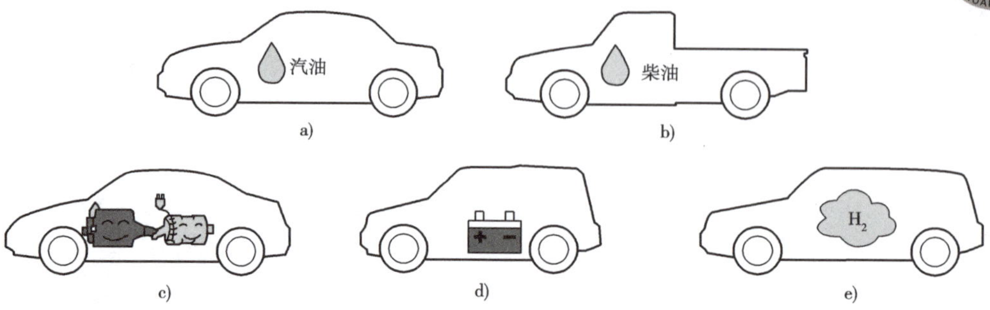

图2-1　按动力装置形式分类的汽车
a)汽油发动机车辆;b)柴油发动机车辆;c)混合动力车辆;d)电动车辆;e)燃料电池复合动力车辆

1 内燃机汽车

现代汽车普遍采用内燃机作为动力装置。内燃机的分类方法很多,按照不同的分类方法可以把内燃机分成不同的类型。下面我们以所需燃料类型简要介绍内燃机汽车。

1 汽油发动机车辆

这类汽车采用汽油发动机作为动力装置,如图2-2所示。汽油发动机是以汽油作为燃料的发动机,汽油机的特点是转速高、结构简单、质量轻、造价低廉、运转平稳、使用维修方便。汽油机在汽车上,特别是小型汽车上大量使用,至今不衰。

2 柴油发动机车辆

这类车使用柴油发动机,如图2-3所示。柴油发动机的动力性、燃油经济性较好,广泛应用于载货汽车、大客车和SUV等车型上。由于柴油机的优势逐渐被人们所重视,在部分中高档轿车上也开始采用柴油机。

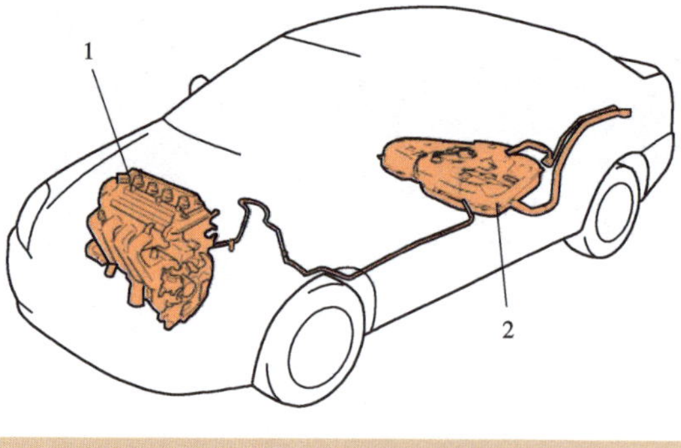

图2-2　汽油发动机车辆
1-发动机;2-汽油箱

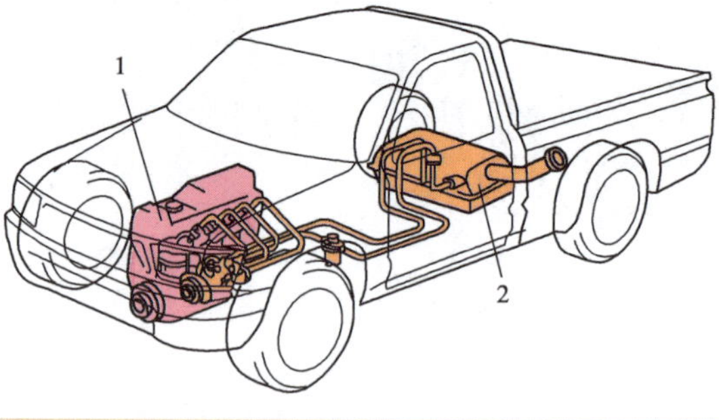

图2-3　柴油发动机车辆
1-发动机;2-柴油箱

3 其他内燃机车辆

除了汽油机和柴油机外,内燃机还包括CNG(天然气)发动机、LPG(液化石油气)发动机和酒精发动机等。由于形势日趋严峻的能源紧缺问题,尤其是石油的短缺,人类不得不寻找能替代汽油和柴油的燃料作为内燃机的新燃料。总之,内燃机将朝着节约能源、提高效率、减少排放和污染等方向不断地发展。

2 电动汽车(EV)

这类汽车使用电池作为电源,运行电动机驱动汽车行驶,电池需要充电,如图 2-4 所示。它的优点主要是节约燃油资源、零废气排放、低噪声等。

3 混合动力汽车

混合动力汽车,如图 2-5 所示。这类汽车使用两个或两个以上动力源,如汽油发动机和电动机的配合使用,汽油发动机可以发电为电动机存储电能,因此,这类车不需要外部电源充电。车辆在低速运行时,使用能够产生高动力的电动机运转方式;当车辆加速时,汽油发动机在较高转速下以更高效的方式运转。通过这样的方式转换,实现两种动力类型的最佳利用,可以提高效率、减少废气排放、节约能源。

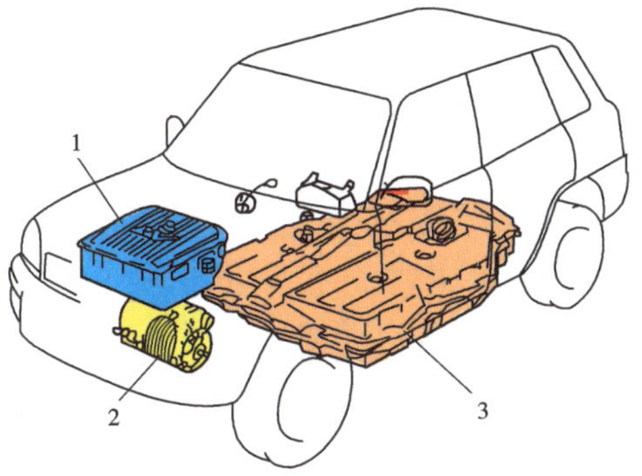

图 2-4　电动汽车
1-动力控制装置;2-电动机;3-蓄电池

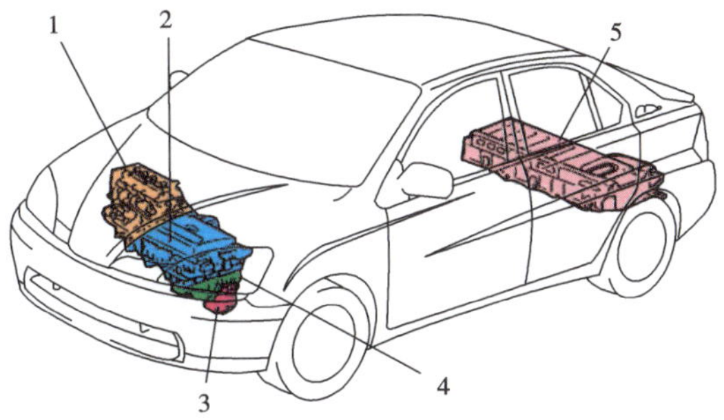

图 2-5　混合动力汽车
1-发动机;2-变速器;3-传动桥;4-变矩器;5-蓄电池

4 燃料电池复合动力汽车(FCHV)

这类车辆使用电动机驱动汽车,电能来自氢燃料与空气中氧的化学反应,如图2-6所示。由于此化学反应仅生成水,因此,被认为是低污染车辆的最终形式。预计燃料电池将成为下一代车辆的主要驱动动力。

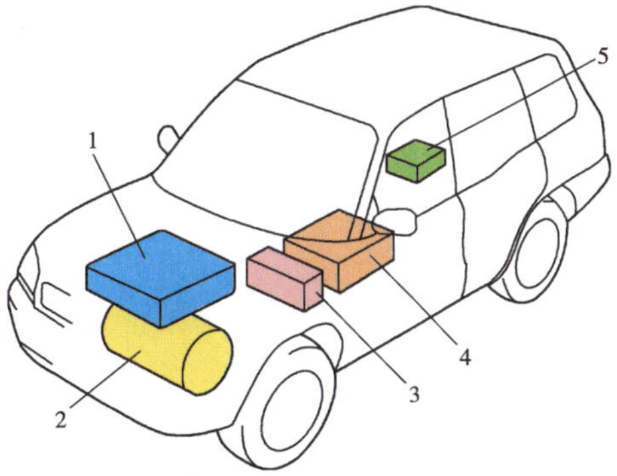

图 2-6　燃料电池复合动力车辆
1-动力控制装置;2-电动机;3-燃料电池架;4-氢气存储系统;5-次级蓄电池

二 按驱动方式分类

按照驱动方式可将汽车分为 FF、FR、MR、RR、4WD 五种类型,如图 2-7 所示。

1 发动机前置,前轮驱动车辆(FF)

因为 FF 车辆没有传动轴,所以乘员室设计平整,乘员室内宽敞、舒适。

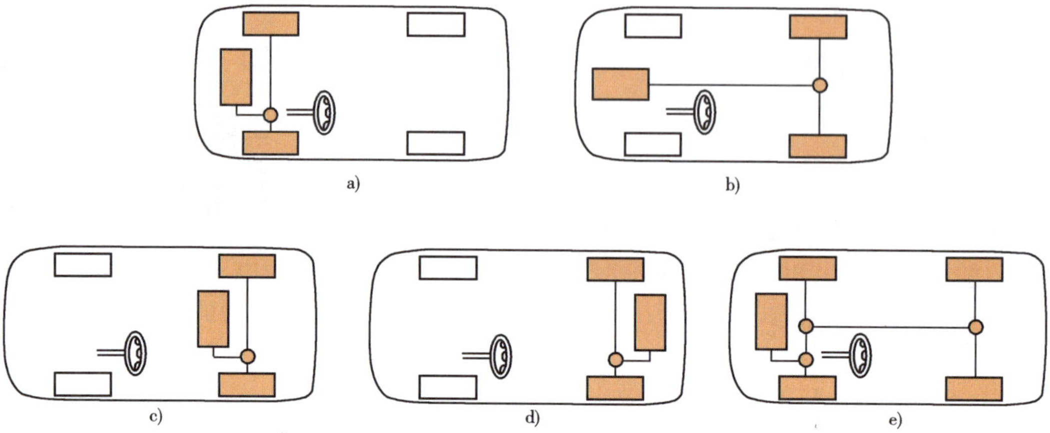

图 2-7 按驱动方式分类的汽车
a)FF;b)FR;c)MR;d)RR;e)4WD

2 发动机前置,后轮驱动车辆(FR)

因为 FR 车辆有较好的质量平衡,故其控制性和稳定性很好。

3 发动机中置,后轮驱动车辆(MR)

因为 MR 车辆的前桥和后桥上有较好的质量平衡,故其控制性很好。

4 发动机后置,后轮驱动车辆(RR)

因为 RR 车辆没有传动轴,且发动机处于车辆后方,故具有室内噪声低,有利于车身内部布置等优点。

5 四轮驱动车辆(4WD)

因为 4WD 车辆的 4 个车轮均为驱动车轮,故在较差的路况下行驶时,其稳定性好。

三 按汽车的用途分类

国际上按汽车的用途将汽车分为乘用车和商用车两大类,如图 2-8 和图 2-9 所示。乘用车即我们平时说的轿车或小汽车,也包括了轿车的各种变形车(如越野车、旅行车等)。除轿车之外的其他车都称为商用车,商用车又被划分为三类:载客车、载货车和特种车,如图2-10所示。

按功能作用不同,乘用车又有以下变种类型(图 2-11)。

1 微型车

微型车,一般指 A 型车中的 A00 级车,A00 级车的轴距应在 2 ~2.2m 之间,发动机排量小于 1L,例如 SMART(精灵)公司旗下的 smart fortwo 车型,其配置的发动机排量为 0.9L。其车型如图2-11a)所示。

图 2-8　乘用车(丰田凯美瑞)

图 2-9　商用车(五十铃货车)

a)

b)

c)

图 2-10　商用车的三大类别

a)载客车;b)载货车;c)特种车(消防车)

2 休闲轿车

休闲轿车 RV(Recreational Vehicles)的变种:小型休闲轿车 SRV (Small Recreation Vehicle) ,一般为两厢车。其车型如图2-11b)所示。

3 多用途轿车

多用途轿车 MPV (Multi-Purpose Vehicles) ,如广州本田奥德赛、东风悦达起亚的嘉华、海南马自达的普力马、江淮的瑞风、斯巴鲁 Exiga 等。其车型如图 2-11c)所示。

4 运动型功能车

运动型功能车 SUV (Sports Utility vehicle) ,是越野车与旅行车的结合体。SUV 是集越野、储物、旅行、牵引多种功能为一体的轿车,所以称之为运动型多功能汽车。其车型如图2-11d)所示。

图 2-11 乘用车的变形种类

a)微型车(SMART);b)SRV(丰田雅力士);c)MPV(斯巴鲁 Exiga 七座);d)SUV(荣放);e)越野车(悍马 H3);f)HRV 旅行车(大众高尔夫)

5 越野车

越野车,国际上简称 G 型车,是指能够适应恶劣道路环境及野外行驶的车辆,适用于爬坡、涉水等恶劣环境,如北京吉普、悍马、陆虎等。其车型如图 2-11e)所示。

6 旅行车

旅行车,在英语中,旅行车称为" wagon",大多数旅行车都是以轿车为基础,把轿车的后备厢加高到与车顶齐平,用来增加行李空间。" wagon"的特点在于它既有轿车的舒适性,又有相当大的行李空间,如一汽大众的高尔夫旅行车。其车型如图 2-11f)所示。

在我国,乘用车(轿车)分级是以发动机排量为依据的,如表 2-1 所示。

轿车分类 表 2-1

发动机排量 V	轿车类型	参考级别	市场类别
V≤1L	微型轿车	A0 级	小型车轿车
1L<V≤1.6L	普通轿车	A 级	紧凑型轿车
1.6L<V≤2.5L	中级轿车	B 级	中型轿车
2.5L<V≤4L	中高级轿车	C 级	中大型轿车
V>4L	高级轿车	D 级	豪华型轿车

第二节　汽车的基本结构

随着科技的进步,现代汽车的结构越来越复杂,技术含量也越来越高。以内燃机为动力的汽车的总体构造可分为发动机、底盘、电气设备和车身四大部分,如图 2-12 所示。

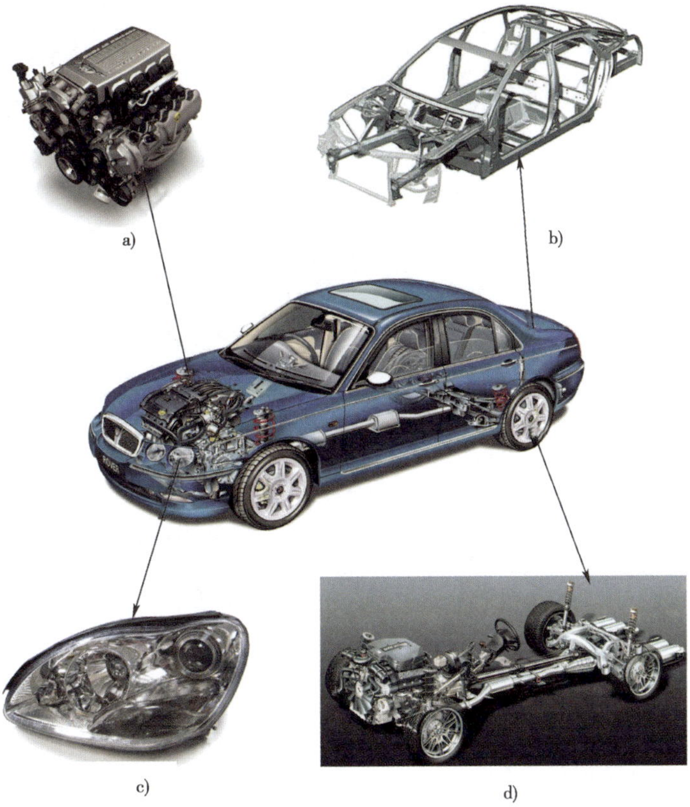

图 2-12　汽车的总体构造

a)发动机;b)车身;c)电气设备(前照灯);d)底盘

一 发动机

发动机是汽车的心脏,为汽车的行驶提供动力。发动机内部通过燃料燃烧,把燃烧过程中产生的热能转变为机械能,再通过底盘的传动系统输送到行驶系统的车轮上,转变为汽车前进或后退的驱动力。下面,我们以水冷四冲程往复活塞式汽油内燃机为例,介绍发动机的组成及其构造。

汽油发动机(图 2-13)主要包括两大机构和五大系统,它们分别是曲柄连杆机构、配气机构、燃料供给系统、冷却系统、润滑系统、点火系统和起动系统,柴油机没有点火系统。

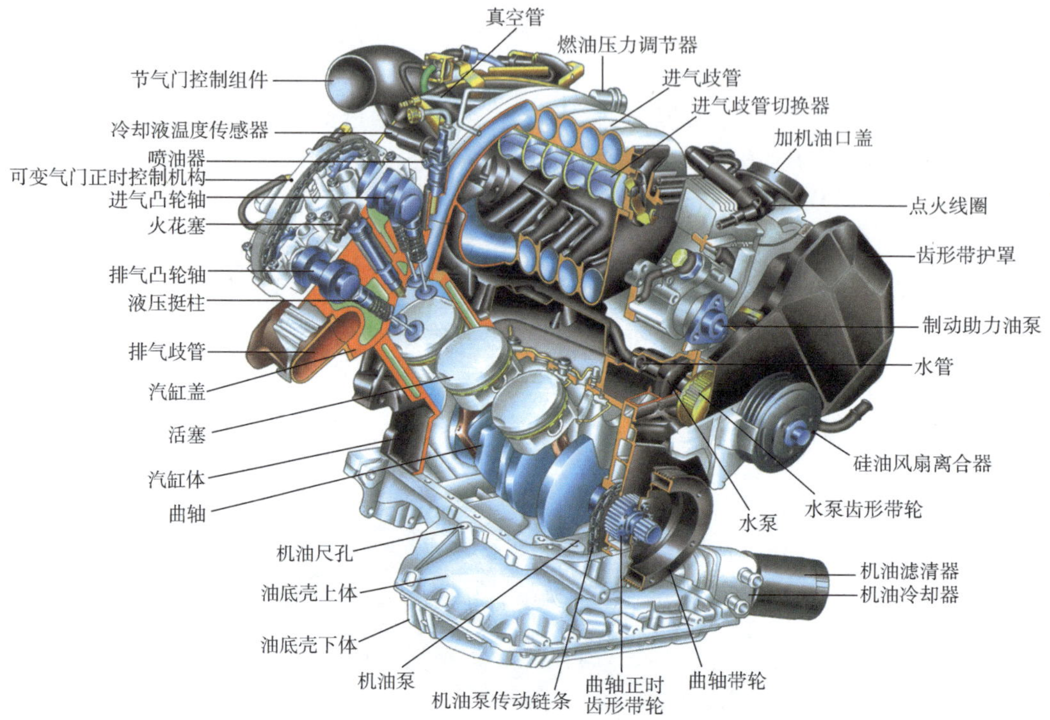

图2-13　汽油发动机的总体构造

二 底盘

汽车底盘包括传动系统、行驶系统、转向系统和制动系统。

1 传动系统

传动系统一般由离合器、变速器、万向传动装置、主减速器、差速器和半轴等组成，如图2-14所示。传动系统的基本功用是将发动机发出的动力传给汽车的驱动轮，产生驱动力，使汽车能以一定的速度行驶。

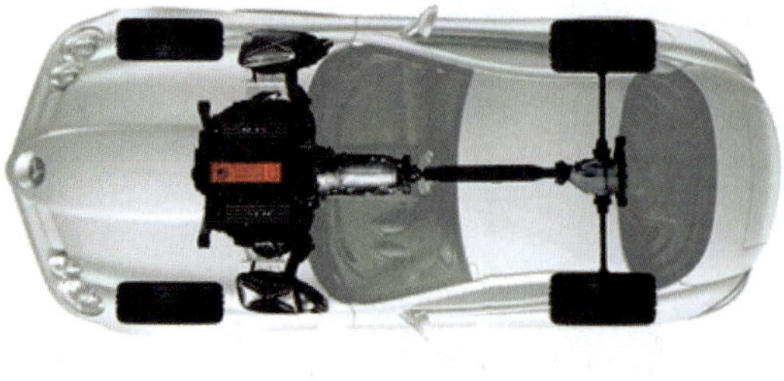

图2-14　汽车传动系统

2 行驶系统

行驶系统是汽车的基础，由车架、车桥、车轮与轮胎以及位于车桥和车架之间的悬架组成。车架是汽车的装配基体，将整个汽车装成一体；车桥与车轮负责汽车的行驶；悬架(图2-15)将车桥安装于车架上，起到传力、导向和缓冲减振的作用。除影响汽车的操纵稳定性外，行驶系统对乘坐舒适性也有重要影响。

3 转向系统

用来改变或保持汽车行驶方向的一系列装置称为汽车转向系统，如图2-16所示。主要由转向操纵机构、转向器和转向传动机构等组成，有些车上还有转向助力装置。转向系统对汽车的行驶安全至关重要。

图2-15　汽车悬架

图2-16　汽车转向系统

4 制动系统

制动系统（图2-17）由行车制动装置和驻车制动装置两大部分组成。行车制动装置的作用是使行进中的汽车减速直至停车，它由设在每个车轮上的制动器和制动操纵机构组成，由驾驶人通过制动踏板来操纵；驻车制动装置使停放的汽车可靠地驻留在原地不动，大多数驻车制动装置的制动器装在变速器的第二轴上，与后桥制动器合一，驻车制动器通常由驻车制动手柄来操纵。

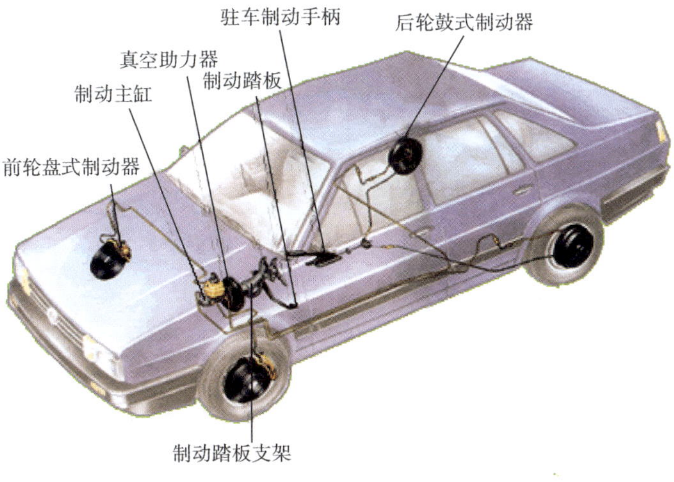

图2-17　汽车制动系统的基本组成

三 电气设备

汽车电气设备包括发动机电气设备和车身电气设备两类。现在,越来越多的汽车装有各种由计算机控制的电控系统,大大地提高了汽车的性能。

发动机电气设备(图2-18)包括电源系统、起动系统及点火系统。车身电气设备(图2-19)主要包括仪表系统、照明系统、音响系统及信号系统等。

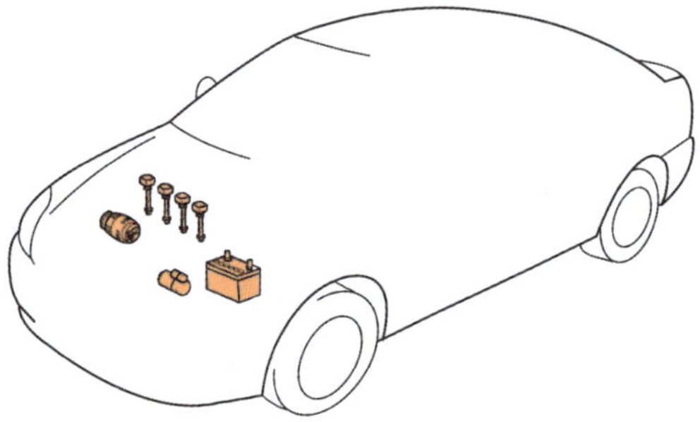

图2-18　发动机电气设备

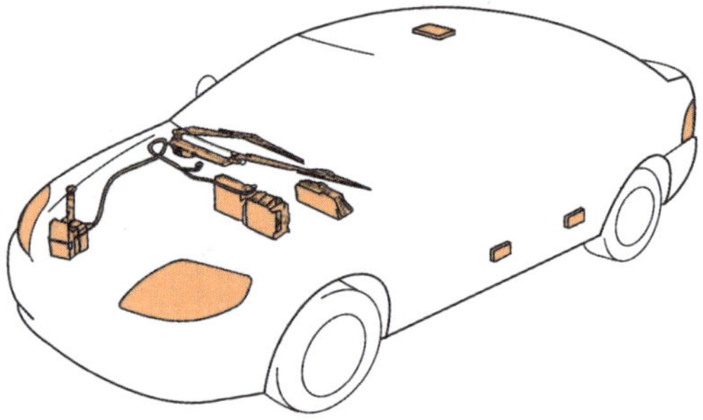

图2-19　车身电气设备

四 汽车车身

汽车车身安装在底盘的车架上,用于驾驶人、乘员乘坐或装载货物,如图2-20所示。它主要包括车窗、车门、驾驶舱、乘员舱、发动机舱和行李舱等。车身造型结构是汽车的形体语言,其设计的好坏将直接影响汽车的性能。

图2-20　汽车车身

第三节　汽车的编号

在汽车上使用编号,是各国政府为了管理机动车辆而实施的一项强制性规定。有了产品型号就可以使用计算机对车辆进行检索,在处理交通事故、开展交通事故保险赔偿、破获车辆盗窃案件等方面发挥重要作用。

汽车产品的编号分为汽车产品编号和车辆识别代码两种形式。前者主要用来表明汽车的厂牌、类型和主要特征参数等；后者则按照国际标准化组织制定的统一规则，在世界范围内对车辆编制唯一识别身份的代码。

一 国产汽车编号规则

我国汽车产品编号由企业名称代号、车辆类别代号、主参数序号、产品序号和企业自定代号五部分组成，用汉语拼音字母和阿拉伯数字表示，如图 2-21 所示。

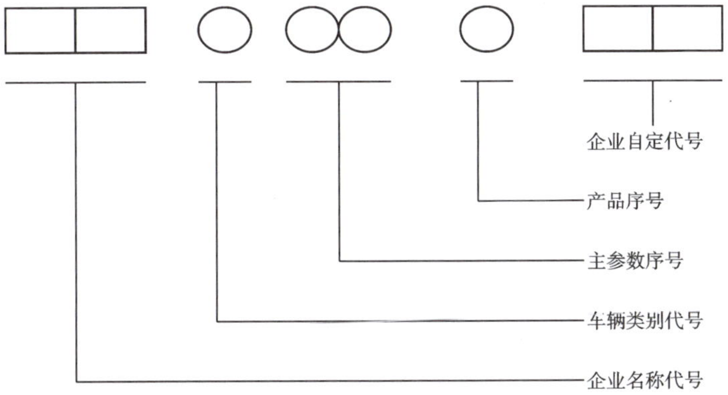

图 2-21　中国汽车产品编号

1 企业名称代号

企业名称代号用 2～3 位字母表示，是制造该车型的企业名称。如：“CA”表示长春一汽；“EQ”表示东风汽车；“NJ”表示南京汽车；“TJ”表示天津汽车；“SVW”表示上海大众；“HG”表示广州本田；“CAF”表示长安福特；“DC”表示东风雪铁龙；“SGM”表示上海通用等。

2 车辆类别代号

车辆类别代号采用 1 位阿拉伯数字表示，各数字所代表的汽车类型见表 2-2。

车 辆 类 别 代 号　　　　表 2-2

车型	载货汽车	越野汽车	自卸汽车	牵引汽车	专用汽车	客车	轿车	半挂车
代号	1	2	3	4	5	6	7	9

3 主参数代号

主参数代号设有 2 位，用以表示汽车最重要特性的数据，不同类型的汽车主参数代号有不同的含义。对于载货汽车、越野汽车、自卸汽车、牵引汽车、专用汽车及半挂车来说，主参数代号为车辆的总质量，单位为吨(t)，只取整数部分。当总质量在 100t 以上时，允许用 3 位数字表示。

客车的主参数代号为其总长度(单位:m),应精确到小数点后一位,并以其值的10倍数值表示。如大客车总长度为8.46m,其主参数代号为84。

轿车的主参数代号为其发动机的排量(单位:L),应精确到小数点后一位,并以其值的10倍数值表示。如发动机排量为1.36L,其主参数代号为13。

4 产品序号

产品序号是生产厂家用来区别本厂生产的同类型、同参数但不同产品系列或经过改进后的产品,用1位数字表示。一般用0表示第一代,经过一次较大改进后,用1表示第二代,其余类推。

5 企业自定代号

企业自定代号由企业决定,既可以用字母,也可以用数字表示,表示的内容也比较灵活,都是该产品最突出的特征,如发动机代号、驾驶室代号、轴距代号等。代号的具体含义由企业定义。

6 汽车产品编号举例

BJ2020S:BJ代表北京汽车制造厂,2代表越野车,02代表该车总质量为2t,0代表该车为第一代产品,S为企业自定义。

TJ7131U:TJ代表天津汽车制造厂,7代表轿车,13代表发动机排量为1.3L,1代表该车为第二代产品,U为企业自定义。

CA1091:CA代表中国第一汽车制造厂,1代表载货汽车,09代表该车总质量为9t,1代表该车为第二代产品。

二 车辆识别代码(VIN)

车辆识别代码简称VIN(Vehicle Identification Number),由一组17位字母和阿拉伯数字组成,也称17位码,是国际上通行的标识机动车辆的代码,用以识别车辆身份,就如同人的身份证一样,具有在世界范围内对一辆车的唯一识别性。车辆识别代码在世界范围内可以确保30年无重号。VIN是识别车辆的必备条件,按照识别代码的编码顺序,从车辆的识别码当中可以读出该车的生产国家、制造装配公司、车辆类型、品牌名称、车型系列、发动机型号、车型年款、安全防护装置型号、检验数字、装配出厂和出厂顺序号码等。

车辆识别代码由三个部分组成:第一部分是世界制造厂识别代号(WMI);第二部分是车辆说明部分(VDS);第三部分是车辆指示部分(VIS)。它的组成如图2-22所示。

1 VIN的含义

1 世界制造厂识别代码(WMI)

世界制造厂识别代码用来标示车辆制造厂,以车辆识别代码(VIN)的前三位来表示。

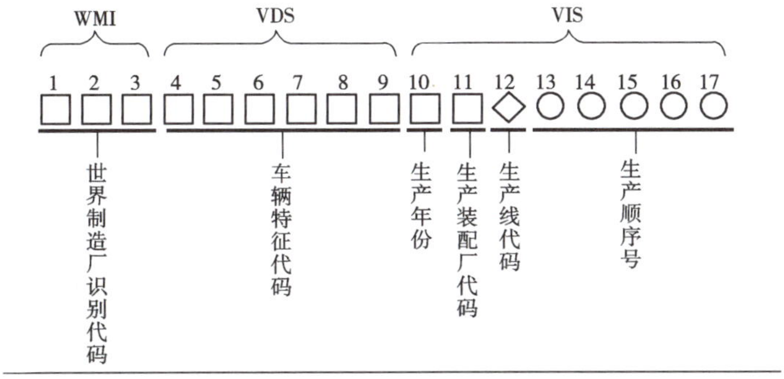

图 2-22 车辆识别代码的组成图解

□为大写英文字母或数字；○为阿拉伯数字；◇为大写英文字母

第 1 位是表示地理区域的数字或字母，如世界各大洲。

第 2 位是表示一个特定地区内的一个国家的字母或数字。国际代理机构根据需要为某一国家分配字码。

WMI 通过第 1 位和第 2 位字码的组合来保证国家识别标志的唯一性。如美国为 10 ~ 19、1A ~ 1Z，中国为 L0 ~ L9、LA ~ LZ。

第 3 位是表示某个特定的制造厂的唯一字母或数字，由各国的授权机构负责分配。如果某制造厂的年产量少于 500 辆，其识别代码的第 3 位字码为 9。

国内外常见汽车制造厂家的 WMI：

LSV——上海大众；LFV——一汽—大众；LDC——神龙富康；LEN——北京吉普；LHC——广州本田；LHB——北汽福田；LKD——哈飞汽车；LSS——长安汽车；LSG——上海通用；WDB——德国奔驰；WBA——德国宝马；KMH——韩国现代。

2 车辆特征代码(VDS)

说明车辆的一般特性，由车辆识别代码(VIN)的第 4 ~ 9 位共六位字码组成。如果制造厂不用其中的一位或几位字码，应在该位置填入选定的字母或数字占位。此部分应能识别车辆的一般特征，其代号顺序由制造厂决定。

第 4 ~ 8 位表示车辆特征：

轿车：包含种类、系列、车身类型、发动机类型及约束系数类型信息；

MPV：包含种类、系列、车身类型、发动机类型及车辆额定总量信息；

载货汽车：包含型号或种类、系列、底盘、驾驶室类型、发动机类型、制动系统及车辆额定总质量信息；

客车：包含型号或种类、系列、车身类型、发动机类型及制动系统信息。

第 9 位是校验位，通过一定的算法防止输入错误。

3 车辆指示码(VIS)

制造厂为了区别不同车辆而设定的一组字符，车辆指示部分由车辆识别代码(VIN)的后八位字符组成，其最后四位字符应是数字。

(1)第 10 位表示车型年份，即厂家规定的型年(Model Year)，不一定是实际生产的年份，但一般与实际生产的年份之差不超过 1 年。年份代码按表 2-3 规定使用。

表 2-3

标示年份的代码

年份	代码	年份	代码	年份	代码
2001	1	2011	B	2021	M
2002	2	2012	C	2022	N
2003	3	2013	D	2023	P
2004	4	2014	E	2024	R
2005	5	2015	F	2025	S
2006	6	2016	G	2026	T
2007	7	2017	H	2027	V
2008	8	2018	J	2028	W
2009	9	2019	K	2029	X
2010	A	2020	L	2030	Y

(2)第 11 位用以指示装配厂,若无装配厂,制造厂可规定其他的内容。

(3)第 12 ~ 17 位表示生产顺序号。一般情况下,汽车召回都是针对某一顺序号范围内的车辆,即某一批次的车辆。

2 VIN 的常见位置

VIN 码应尽量位于车辆的前半部分、容易看到且能防止磨损或替换的部位,不过各个国家之间并无统一规定,如美国汽车识别码标志牌放在前风窗玻璃右下角仪表台上,欧盟国家和日本则放在车内暗处。VIN 的安置位置一般有如下一些原则:

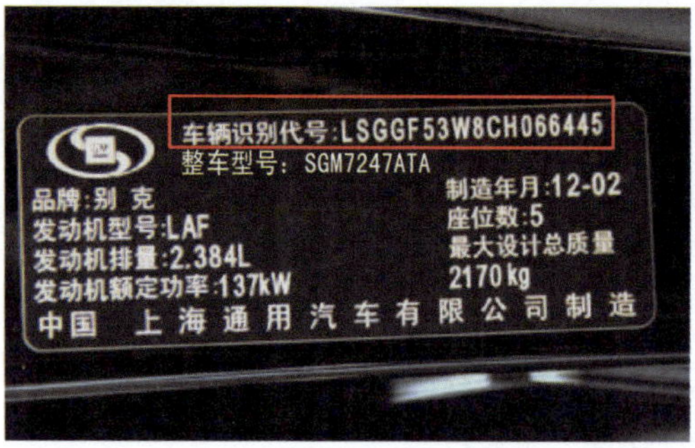

图 2-23 汽车 VIN 标牌

(1)除挂车和摩托车外,VIN 应标示在标牌上,标牌应固定在门铰链柱、门锁柱或与门锁柱接合的门边的柱子上,接近于驾驶人座位的地方;如果没有这样的地方可利用,则固定在仪表的左侧,或固定在车门内侧靠近驾驶人座位的地方。

(2)标牌的位置应是除了外侧车门外,不移动车辆任何零件就可方便读出的地方,如图 2-23 所示。

(3)我国规定 9 人以下的乘用车和最大总质量不大于 3.5t 的货车,其 VIN 应位于仪表板上靠近前风窗立柱的位置,以便观察和检查,如图 2-24 所示。

3 VIN 码举例

桑塔纳的 VIN:L S V H J 1 3 3 0 2 2 2 2 1 7 6 1,含义如下:

(1)第 1 ~ 3 位:上海大众汽车有限公司。

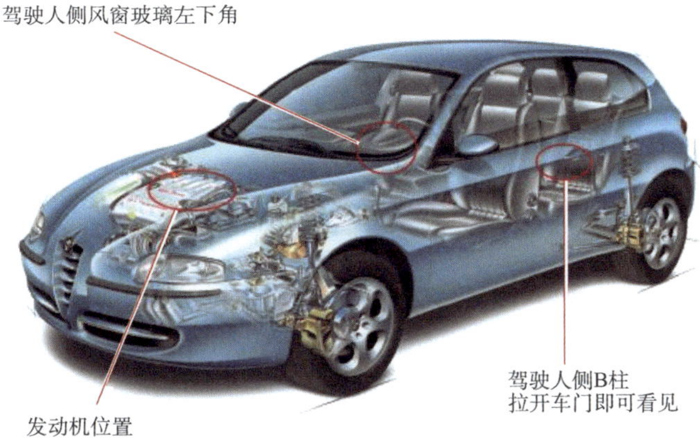

图2-24 汽车 VIN 的常见安装位置

(2)第4位:车身类型代码(H－4门加长型折背式车身)。

A——4门折背式车身;B——4门直背式车身;C——4门加长型折背式车身;E——4门加长型折背式车身;F——4门短背式车身;H——4门加长型折背式车身;K——2门短背式车身。

(3)第5位:发动机/变速器代码。

上海桑塔纳轿车、上海桑塔纳旅行车、上海桑塔纳2000车型系列的代码含义如下。

A——JV(026A)/AHM(014. K);B——JV(026A)+LPG/AHM(014. K);C——JV(026A)/2P(013.9);D——JV(026A)+LPG/2P(013.9);E——JV(026A)/2P(013.9);F——AFE(026N)/2P(013.9);G——AYF(050B)/QJ(013.3);H——AJR(06BC)/2P(013.9);J——AYJ(06BC)/FNV(01N. A);K——AFE(026N)+LPG/2P(013.9);L——AYF(050B)+LPG/QJ(013.3);M——AYJ(06BC)+LPG/2P(013.9)。

(4)第6位:乘员保护系统代码。

0——安全带;1——安全气囊(驾驶人);2——安全气囊(驾驶人和副驾驶人、前座侧面);3——安全气囊(驾驶人和副驾驶人、前后座侧面);4——安全气囊(驾驶人和副驾驶人);5——安全气囊(驾驶人和副驾驶人、前后座侧面、头部);6——安全气囊(驾驶人和副驾驶人、前座侧面、头部)。

(5)第7～8位:车辆等级代码。

33——上海桑塔纳轿车、上海桑塔纳旅行轿车、上海桑塔纳2000轿车;9F——上海帕萨特轿车;9J——上海Polo轿车;5X——上海GOL轿车。

(6)第9位:校验位。

0～9任何一数字或字母“X”。

(7)第10位:2002年款型的车辆。

(8)第11位:装配厂代码。

(9)第12～17位:车辆制造顺序号。

因此,该VIN的含义是:2002年,上海大众汽车有限公司生产的桑塔纳2000型轿车,该车配备AYJ发动机、FNV(01N. A)自动变速器,出厂编号是221761。

实训模块

1. 请同学们分组进入汽车实训室,按小组记录不同类别车辆的车辆编号和车辆识别码信息,由组长代表小组在全班介绍该车辆信息的具体含义。

2. 请同学们分组进入汽车实训室,按小组记录汽车发动机、汽车底盘、汽车电气设备和车身的各部件名称及安装位置,并拍照标记出来。

思考与练习

一、填空题

1. 汽车按照动力装置形式分为:________、________、________、________、________。

2. 汽车按照驱动方式分类:________、________、________、________、________。

3. 汽车主要由________、________、________、________四大部分组成。

4. 汽车 VIN 由________、________、________三部分组成,其中,第 10 位表示________。

二、判断题

1. 柴油发动机属于内燃机。 (　　)

2. 因为 FF 车辆没有传动轴,所以乘员室没有传动轴,乘员室内宽敞、舒适。 (　　)

3. 载货车属于乘用车。 (　　)

4. 汽车底盘包括传动系统、行驶系统、转向系统和制动系统。 (　　)

5. VIN 是按照国际标准化组织制定的统一规则,在世界范围内对车辆编制唯一识别身份的代码。 (　　)

三、问答题

1. 汽车主要由哪几部分组成?各部分的主要作用是什么?

2. 简述我国汽车产品的编号规则。

第三章 汽车品牌

知识目标

1. 认识国内外著名汽车品牌知识；
2. 认识国内外著名汽车品牌文化。

能力目标

1. 掌握国内外著名汽车品牌标志；
2. 了解国内外著名汽车品牌文化。

素养目标

1. 具备鉴赏不同汽车品牌产品的能力；
2. 树立文化自信和工业自信；
3. 具备爱国主义情怀。

建议学时

8 学时。

第一节　国外著名汽车品牌

一、欧洲著名汽车品牌

1 大众汽车集团

大众汽车集团是世界第三大汽车制造商(图 3-1)，曾因生产甲壳虫汽车而闻名于世。其总部位于德国沃尔夫斯堡,公司成立于1937年,创始人是世界著名的汽车设计大师费迪南德·保时捷(图3-2)。

图3-1　大众汽车公司总部

图3-2　费迪南德·保时捷

第二次世界大战结束后,1945年6月中旬,大众汽车公司由英国军政府接管。在伊万·赫斯特(Ivan Hirst)少将的管理下,甲壳虫(Volkswagen Beetle)投入大量生产。1972年2月17日,大众汽车公司打破汽车生产世界纪录,甲壳虫以15007034辆的记录,超越福特汽车公司T型车在1908~1927年所创下的传奇记录。

大众汽车公司的德文Volks Wagenwerk,意为大众使用的汽车,标志中的VW为全称中头一个字母。标志像是由三个用中指和食指做出的"V"组成,表示大众公司及其产品"必胜—必胜—必胜",大众汽车秉承"车之道,为大众"的理念,2019年10月大众汽车发布新的品牌标志(图3-3),以"遇见新大众"为主题,大众汽车不仅展示了四款带有新标志的新车型,同时发布了面向中国的首款纯电动车型——ID.初见(图3-4)。

图3-3　大众品牌标志(2019)

图3-4　大众面向中国的首款纯电动汽车——ID.初见

大众汽车公司目前的主要车型有甲壳虫、帕萨特、速腾、迈腾、高尔夫、途锐、夏朗、蔚揽及最新推出的纯电动车型。

2009年,在长达数年之久的收购大战之后,大众和保时捷两大汽车家族拥有保时捷汽车控股股份公司100%投票权。根据收购计划,大众汽车集团首先买进保时捷汽车控股股份公司49.9%的股份,之后再增持这家企业余下股份。

大众集团旗下目前有大众乘用车、大众商用车、奥迪、斯柯达、宾利、西雅特、兰博基尼、布加迪、斯堪尼亚(Scania,原瑞典商用车)和曼(MAN)等品牌(图3-5)。另外,大众子公司奥迪还收购了摩托车品牌杜卡迪。

1 奥迪汽车

奥迪是德国三大豪华车品牌之一，公司总部设在德国的因戈尔施塔特市。1932 年德国四大车厂 Audi、DKW、Horch 及 Wanderer 合并为“汽车联盟”，其四个圆环的标志代表这四大公司的合并，象征着兄弟四人同心携手。奥迪汽车公司于 1965 年并入大众汽车公司。奥迪汽车的特色在于其稳实的操控，目前的品牌核心是科技、时尚和尊贵（图 3-6）。目前，奥迪的主要车型有：A3、A4、A5、A6、A8、Q7、TT、R8 等。

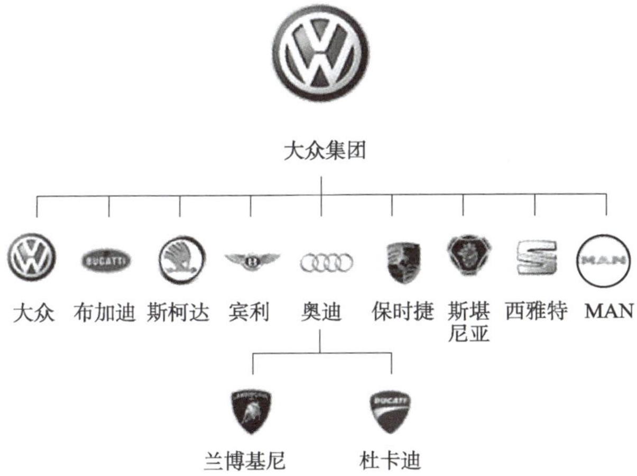

图 3-5 大众集团旗下品牌

图 3-6 奥迪 TT 汽车

2 宾利汽车

宾利汽车是一家发迹于英国的豪华房车和 GT 车的制造商，强调高速与高贵的品牌形象。1931 年被劳斯莱斯汽车公司收购，1998 年并入大众汽车集团。展翅腾飞的“B”字是宾利最强劲、永不妥协的标志（图 3-7），它呈现给世人的永远是动力、尊贵、典雅、舒适与精工细作的最完美结合（图 3-8）。目前，宾利的主要车型有：欧陆系列、慕尚系列、添越系列、飞驰系列。

图 3-7 宾利标志

图 3-8 宾利 EXP 100GT 概念车

3 保时捷汽车

保时捷汽车公司的总部设在德国的斯图加特市，保时捷 911（图 3-9）是迄今为止世界上最畅销的一款赛车。车标图形采用公司所在地斯图加特市的盾形市徽（图 3-10）：“PORSCHE”字样在商标的最上方，表明该商标为保时捷设计公司所拥有；商标中的“STUTT-

GART”字样在马的上方,说明公司总部在斯图加特市;商标中间是一匹骏马,表示斯图加特这个地方盛产一种名贵种马;商标的左上方和右下方是鹿角的图案,表示斯图加特曾是狩猎的好地方;商标右上方和左下方的黄色条纹代表成熟了的麦子颜色,喻指五谷丰登;商标中的黑色代表肥沃土地;商标中的红色象征人们的智慧和对大自然的钟爱。2010年,大众汽车集团宣布成功收购保时捷汽车公司,保时捷成为大众旗下的第十个汽车品牌。

图3-9 保时捷911 GTR3 RS跑车

图3-10 保时捷标志

目前,保时捷的主要车型有:Boxster、Cayman(卡曼)、Panamera、911、Cayenne(卡宴)、Carrera GT(卡雷拉GT)等。

4 斯柯达汽车

斯柯达(SKODA)是一家总部位于捷克姆拉达—博莱斯拉夫市的汽车公司,也是世界上历史最悠久的四家汽车生产商之一。其品牌形象是飞向世界、创造无限、深厚底蕴、朝气蓬勃(图3-11)。1991年,斯柯达成为大众汽车集团旗下的品牌(图3-12)。目前,斯柯达的主要车型有:昊锐、晶锐、明锐等。

图3-11 斯柯达标志

图3-12 斯柯达昊锐汽车

5 兰博基尼汽车

兰博基尼(图3-13)是一个产地位于意大利圣亚加塔·波隆尼的超级跑车品牌,主要竞争对手是法拉利。早期,因公司运营不善,经营权数度易手,1998年,成为奥迪汽车公司旗下的品牌。目前,为大众汽车集团间接持有的品牌之一,主要车型有:Gallardo(盖拉多)、Murcielago(穆拉多)、Reventon(雷文顿)。Gallardo系列车型是兰博基尼历史上最为成功的产品(图3-14)。

6 布加迪汽车

布加迪(图3-15)是最具有特色的超级跑车制造厂之一。布加迪以生产世界上最好的及最快的汽车闻名于世(图3-16)。1909年意大利人埃多尔·布加迪(Ettore Bugatti)在德国创建布加迪公司,专门生产运动跑车和高级豪华轿车,1919~1956年公司在法国境内,1991年重新建厂后在意大利境内。大众汽车集团于1998年买下布加迪品牌和汽车制造权,布加迪并入大众汽车集团。目前,布加迪的主要车型有:威龙、威航等。

图3-13　兰博基尼标志

图3-14　兰博基尼 LP550-2 Valentino Balboni 跑车

图3-15　布加迪标志

图3-16　布加迪威龙跑车

7 西雅特汽车

西雅特(Seat)是西班牙最大的汽车公司(图3-17),1950年成立于巴塞罗那,现在属于德国大众汽车集团的子公司。目前,西雅特的主要车型是LEON(图3-18)。

图3-17　西雅特标志

图3-18　西雅特 LEON 汽车

2 戴姆勒—奔驰汽车公司

戴姆勒—奔驰汽车公司是世界十大汽车公司之一,创立于1926年,创始人是卡尔·本茨和戈特里布·戴姆勒 。它的前身是奔驰汽车厂和戴姆勒汽车厂;1926年两厂合并为戴姆勒—奔驰汽车公司。现在,戴姆勒—奔驰汽车公司除以高质量、高性能的豪华汽车品牌梅赛德斯—奔驰(图3-19)闻名外,同时也是世界上最著名的大客车和重型载货汽车的生产厂家。戴姆勒—奔驰公司是世界上资格最老的厂家,也是经营风格始终如一的厂家。

1998年5月6日,享誉全球的德国戴姆勒—奔驰汽车公司和美国三大汽车公司之一的

图 3-19 梅赛德斯—奔驰 SLC 敞篷跑车

克莱斯勒汽车公司共同发表声明,宣布已签署一项总额高达 380 亿美元的合并协议。这是历年来汽车制造业最大的一起合并。由此,戴姆勒—克莱斯勒公司成为当时全美第二大汽车生产商、世界第五大汽车公司。2007 年 7 月 3 日,欧盟正式批准戴姆勒—克莱斯勒公司以 74 亿美元的价格,将旗下克莱斯勒公司80.1%的股份出售给美国瑟伯勒斯资本管理公司。戴姆勒—克莱斯勒公司更名为戴姆勒股份公司(Daimler AG),正式结束了戴姆勒—克莱斯勒公司的历史。

戴姆勒于 1909 年为三叉星标志申请专利权。奔驰商标则是一个圆形徽章,由单词 Benz 外加麦穗环绕。到了 1916 年,星形的标志与奔驰的麦穗终于合二为一。而随着这两家历史最悠久的汽车生产商的合并,厂方再次为商标申请专利权,而此圆环中的星形标志演变成今天的图案,一直沿用至今,并成为世界十大著名的商标之一,如图 3-20 所示。

图 3-20 奔驰汽车标志的演变

目前,戴姆勒—奔驰旗下品牌除梅赛德斯—奔驰外,还有迈巴赫和精灵(Smart)两大著名品牌。

1 梅赛德斯—奔驰汽车

梅赛德斯—奔驰以高质量、高性能闻名,被称为世界豪华车第一品牌(图 3-21)。梅赛德斯—奔驰的品牌核心理念是“The best or nothing”。品牌支撑点是:尊贵、豪华和创新荣誉感的品牌文化;艺术品般的产品品质;时尚、高贵、成功元素的身份象征;持续领先的汽车技术(图 3-22)。

目前梅赛德斯—奔驰的主要车系有:

A 级:小型厢式车,有双门和四门两种车型。B 级:定位比 A 级稍高的小型厢式车。C 级:经济型豪华轿车。E 级:中大型豪华轿车,即行政级轿车。G 级:越野车。M 级:中大型豪华 SUV。S 级:大型豪华轿车。CLC/S 级:以新 C/S 级为基础的双门轿跑车。SLK 级:小型可折叠硬顶敞篷车。CLK 级:轿跑车,分为硬顶和软顶敞篷。SL 级:大型可折叠硬顶敞篷跑车。CL 级:大型轿跑车。SLR 级:奔驰旗下的超级跑车。AMG 现为奔驰旗下的汽车改装品牌。

图 3-21 梅赛德斯—奔驰标志

图 3-22 梅赛德斯—奔驰纯电动 SUV

2 迈巴赫汽车

迈巴赫品牌由被誉为“设计之王”的威廉·迈巴赫创立于 20 世纪 20 年代，是一个象征着完美和昂贵的轿车品牌(图 3-23)。作为具有传奇色彩的汽车品牌，迈巴赫的标志由两个交叉的 M，围绕在一个球面三角形里组成，双 M 意味着“迈巴赫制造”。

2002 年，迈巴赫在梅赛德斯—奔驰集团的强力支持下复出，成为戴姆勒—奔驰汽车公司最高端的轿车品牌，作为一个超豪华车的传奇品牌重现于市场。目前迈巴赫的主要车型为梅赛德斯—迈巴赫 S 级轿车(图 3-24)。

图 3-23 迈巴赫标志

图 3-24 梅赛德斯—迈巴赫 S 级轿车

3 Smart 汽车

奔驰 Smart(图 3-25)在中国被称作“精灵”，是石油危机促使德国戴姆勒—奔驰汽车公司与瑞士 SWATCH 公司联合研制的城市迷你车(图 3-26)，总部现设于德国。Smart 定位为省时、省油、环保、舒适、安全的城市汽车工业艺术品。自 1995 年，Smart 工厂于法国汉巴赫成立以来，Smart 产品以其环保、灵活和时尚赢得无数佳评。Smart 的主要车型有：Fortwo 两座车、Roadster 双座跑车、Forfour 四座家庭车。

图 3-25 奔驰 Smart 标志

图 3-26 奔驰 Smart 汽车

3 宝马汽车公司

宝马汽车公司全称为巴伐利亚机械制造厂股份公司(德文为 Bayerische Motoren Werke AG,简称 BMW),是德国一家世界知名的高档汽车和摩托车制造商,总部位于慕尼黑市。BMW 在中国被称为“宝马”。

宝马车标(图3-27)采用了内外双圆圈的图形,并在双圆圈环的上方,标有“BMW”字样。整个商标就像蓝天、白云和运转不停地螺旋桨,既寓含着宝马公司渊源悠久的历史,又象征公司的一贯宗旨和目标:在广阔的时空中,以最新的科学技术、最先进的观念满足顾客的最大愿望。它反映了公司蓬勃向上的精神和日新月异的风貌,表明宝马轿车的品质优秀、技术领先、驰骋全球。

宝马汽车公司和戴姆勒—奔驰汽车公司一样,不追求汽车产量的扩大,只追求生产高品质、高性能和高级别的汽车。“坐奔驰,开宝马”的说法,表明了奔驰的稳重和宝马的豪放。只有开宝马车,才能享受到它那痛快淋漓的神奇体验(图3-28)。

图3-27 BMW标志

图3-28 宝马I8超级跑车

目前宝马汽车主要车系包括:BMW-1 系小型轿车(车系代号 E87)、BMW 3 系四门经济型轿车(车系代号 E46)、BMW 3 系双门紧凑型轿跑车、BMW-5 系中级四门轿车(车系代号 E60)、BMW 6 系轿跑车(车系代号 E63/E64)、BMW-7 系豪华四门轿车(车系代号 E63/E66)、BMW-M 系列高性能轿跑车、BMW-X 系列多功能运动型车(SUV)、BMW-Z 系列超级跑车、BMW-8 系列豪华轿跑车等。其车型后面字母的含义:i 表示电控燃油喷油,L 表示加长轴距,C 表示双门轿车,S 表示跑车。如:740iL 表示 BMW-7 系列中排量为 4.0L 的电控汽油喷射加长轴距豪华轿车。

宝马集团是全世界最成功的汽车和摩托车制造商之一,目前,旗下拥有 BMW(宝马)、MINI(迷你)和 Rolls-Royce(劳斯莱斯)三大品牌。作为一家全球性公司,宝马集团在 14 个国家拥有 30 家生产和组装厂,销售网络遍及 140 多个国家和地区。

2001 年 12 月份,BMW 集团与华晨中国汽车控股有限公司一起提交了成立中外合资企业的项目建议书。2003 年,合资企业华晨 BMW 汽车有限公司正式开始运营。

1 迷你汽车

迷你(MINI)是宝马汽车公司的一个独立品牌(图3-29)。诞生于 1959 年的迷你,设计风格别树一帜,1961 年赛车工程师 John Cooper 将赛车血统注入汽车设计中,使实用别致的小车摇身变成赛车场上的传奇,自此成为英国车坛之宝(图3-30)。50 年来,已售出超过 500

万辆迷你汽车,世界各地也有迷你车迷组织。迷你成为宝马旗下的一个品牌之后,宝马汽车公司为其投注了上百万美元的研发经费。

图 3-29 MINI 标志

图 3-30 Mini Cooper 汽车

2 劳斯莱斯汽车

劳斯莱斯(Rolls-Royce)是宝马汽车公司旗下的品牌(图 3-31),于 1906 年在英国正式成立。劳斯莱斯作为一个"贵族化"的汽车公司享誉全球,同时也是目前世界三大航空发动机生产商之一。2003 年劳斯莱斯汽车公司归入宝马汽车公司。劳斯莱斯的主要车型有:幻影、魅影、古思特等,如图 3-32 所示。

图 3-31 劳斯莱斯标志

图 3-32 劳斯莱斯幻影

4 标致汽车

法国标致(图 3-33)汽车公司历史悠久,堪称百年老号,其生产汽车的历史仅次于戴姆勒—奔驰汽车公司。与戴姆勒—奔驰汽车公司不同的是,它并不是从生产汽车开始的,在进入汽车业前,标致曾涉足五金工具、家用电器、裙撑、望远镜、夹鼻眼镜弹簧、锯条、外科手术器械、猎枪、收音机、缝纫机等行业,不一而足。在汽车时代来临之前,标致自行车、摩托车和运输货车的生产规模也相当庞大。1976 年 4 月,标致取得米其林掌握的雪铁龙 90% 的股份,作为交换,米其林获得 10% 的标致股份,成立"PSA 标致雪铁龙"控股公司,标致拥有标致雪铁龙集团 100% 股份。1979 年,标致雪铁龙集团拥有克莱斯勒欧洲的股份和其在国外的商务公司,因此成为当时欧洲最大的汽车生产厂商(图 3-34)。目前标致雪铁龙集团是世界第五大汽车公司、世界五百强企业,其主要车型有:106、207、308、407、3008、5008 等。

图3-33 标致标志

图3-34 标致407汽车

5 雷诺汽车

雷诺(Renault S. A.)是一家法国车辆制造商(图3-35),生产的车辆种类有小型车、中型车、休旅车、大型车(包含卡车和工程用车及巴士)等,如图3-36所示。

图3-35 雷诺标志

图3-36 雷诺梅甘娜汽车

1898年,路易斯·雷诺三兄弟在Boulogne-Billancourt(布洛涅—比扬古)创建雷诺公司。它是世界上历史最悠久的汽车公司和世界十大汽车公司之一。目前,雷诺公司是法国第二大汽车公司,雷诺汽车是出口德国最多的车种之一,它的质量及可靠性也被认为是第一流的。而今的雷诺汽车公司是法国最大的国有企业,其主要车型有:科雷傲、甘果、丽人行、拉克娜、梅甘娜、太空等。

6 雪铁龙汽车

雪铁龙(Citroen,图3-37)汽车公司是法国第三大汽车公司,它创立于1915年,创始人是安德烈·雪铁龙。主要产品是轿车(图3-38)和轻型载货车。雪铁龙公司总部设在法国巴黎,可年产汽车90万辆。雪铁龙公司主要车型有:凯旋、C4、C5、C6等。

图3-37 雪铁龙标志

图3-38 雪铁龙C4汽车

7 菲亚特汽车

菲亚特汽车集团公司(图 3-39)是意大利著名汽车制造公司,世界十大汽车公司之一,成立于 1899 年,总部位于意大利工业中心都灵。菲亚特作为超过百年历史的经典品牌一直被视为完美汽车的缔造者,旗下的著名品牌包括:菲亚特(图 3-40)、克莱斯勒、Jeep、道奇、法拉利、玛莎拉蒂、阿尔法·罗密欧、蓝旗亚等。

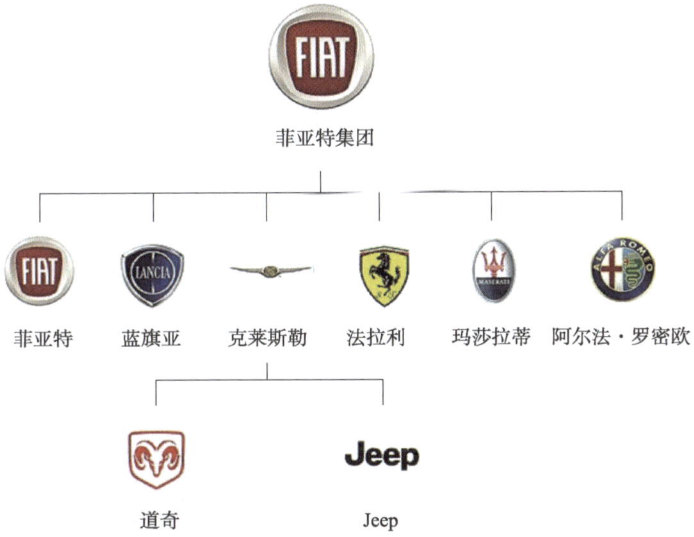

图 3-39 菲亚特集团旗下汽车品牌

2010 年 3 月,菲亚特与广汽集团共同组建广汽菲亚特。现售车型有:菲翔、致悦、菲亚特 500。

1 法拉利汽车

法拉利(Ferrar,图 3-41)是一家意大利汽车生产商,1929 年由恩佐·法拉利创办,主要制造一级方程式赛车、赛车及高性能跑车(图 3-42),法拉利生产的汽车大部分采用手工制造,年产量大约 4300 台。总部位于意大利摩德纳(Modena)附近的马拉内罗(Maranello)。早期的法拉利赞助赛车手及生产赛车,1947 年独立生产汽车,其后形成今日的规模。现在菲亚特公司拥有法拉利 50% 股权,但法拉利却能独立于菲亚特公司运营。另有法拉利车队,以及手表、香水等周边产品。法拉利公司的主要车型有:F335、F50、GTC4Lusso、Portofino 等。

图 3-40 菲亚特 Freemont 汽车

图 3-41 法拉利标志

图 3-42 法拉利 F430 跑车

2 阿尔法·罗密欧汽车

阿尔法·罗密欧(Alfa Romeo,图3-43)是意大利著名的轿车和跑车制造商,创建于1910年,总部设在米兰。公司原名ALFA(Anonima Lombarda Fabbrica Automobili,伦巴第汽车制造厂),其前身最早可追溯至1907年由Alessandro Darracq在米兰创建的一个汽车公司。1916年,出身那不勒斯的实业家尼古拉·罗密欧(Nicola Romeo)入主该车厂,并将自己的家族姓氏融入车厂名称中,从而成为今日的阿尔法·罗密欧(图3-44)。

3 玛莎拉蒂汽车

玛莎拉蒂汽车公司(图3-45)具有悠久的历史,玛莎拉蒂家族四兄弟于1914年在意大利科隆拿成立了玛莎拉蒂公司,并于1926年生产了第一辆汽车Tipo26,创始人阿夫尔·玛莎拉蒂披甲上阵,亲自驾驶Tipo26型汽车参加了汽车比赛并赢得了奖项。玛莎拉蒂汽车公司是专门生产运动车(图3-46)的公司,在欧洲具有很高的知名度。法拉利、兰博基尼和玛莎拉蒂被称为意大利的"两皇一后",两皇是指"法拉利"和"兰博基尼",一后是指"玛莎拉蒂"。玛莎拉蒂运动车在造型设计上,将自己的传统风格与流行款式相结合,在外观造型、机械性能、舒适安全性等各方面,在运动车中都是一流的。玛莎拉蒂的主要车型有:Quattroporte总裁系列、玛莎拉蒂敞篷跑车系列、GranTurismo跑车系列等。

图3-43 阿尔法·罗密欧标志

图3-44 阿尔法·罗密欧2020款STELVIO汽车

图3-45 玛莎拉蒂标志

图3-46 玛莎拉蒂GTS汽车

二 美洲著名汽车品牌

1 通用汽车

通用汽车公司(图3-47)是全球最大的汽车公司之一,历史可追溯到1908年。通用汽车公司全球总部(图3-48)位于美国底特律市,业务遍及157个国家。

图3-47 通用标志

图3-48 通用汽车全球总部

2009年6月1日,通用汽车申请破产保护,7月10日更名为通用汽车有限公司,结束破产保护,只保留了雪佛兰、别克、凯迪拉克和GMC四个核心品牌。通用汽车公司与其战略合作伙伴在31个国家建立了汽车制造业务,生产和销售雪佛兰、别克、凯迪拉克、GMC、大宇、霍顿、解放、欧宝(沃豪)及五菱品牌的汽车产品并提供售后服务。通用汽车在中国建立了多家合资企业,包括上汽通用、上汽通用五菱等。

1 雪佛兰汽车

雪佛兰始创于1911年,是美国汽车保有量最大的汽车品牌之一,雪佛兰标志(图3-49)表示图案化了的蝴蝶结,象征雪佛兰轿车的大方、气派和风度,Chevrolet是瑞士的赛车手、工程师路易斯·雪佛兰的名字。美国人乔·吉拉德以年销售1425辆雪佛兰汽车的成绩,打破了汽车销售的吉尼斯世界纪录,获得了“世界上最伟大推销员”的称号。雪佛兰汽车的主要车型有:科迈罗(图3-50)、迈锐宝、创酷、科鲁兹、沃兰多、新科沃兹等。

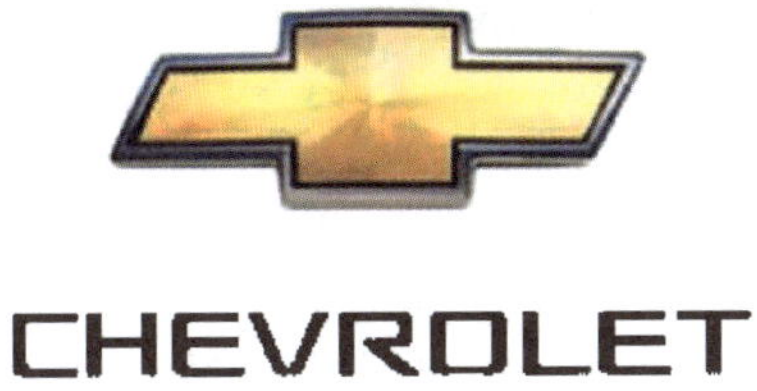

图3-49 雪佛兰标志

图3-50 雪佛兰科迈罗跑车

2 别克汽车

1908年,别克汽车(图3-51)纳入通用汽车旗下。别克汽车的创始人大卫·别克(David Buick)在1899年前就开始研制汽油发动机,并于1900年研制出第二辆汽车,但直至1903年别克汽车公司才正式成立。经历过百年之久的别克品牌不仅得到了长足的发展,同时由于其在百年多的历史过程中留下了难以尽数的经典车型,因此对世界汽车界的发展做出了不朽的贡献。别克汽车的主要车型有:君威、君越(图3-52)、GL8、威朗、英朗、凯越等。

图3-51　别克标志

图3-52　别克君越汽车

3 凯迪拉克汽车

1902年,凯迪拉克汽车诞生于美国汽车城底特律市,它的前身是1899年创立的底特律汽车公司。当时底特律汽车公司重组,为了表示对底特律汽车城创建者,法国贵族、探险家安东尼·门斯·凯迪拉克(Le Sieur Antoine de la Nothe Cadillac)的敬意,将其更名为凯迪拉克汽车公司。凯迪拉克品牌标志(图3-53)源自凯迪拉克家族徽章,象征了至高的勇气、智慧、品德和荣誉。其标志色彩明快,整体以铂金颜色为底色,而花冠则保留了原有的色彩组合:黄金与纯黑相映,象征智慧与财富;盾牌由不同色彩的简单块面组成:红色象征行动果敢,银白色代表着纯洁、仁慈、美德与富足,蓝色代表着骑士精神。一百多年来,凯迪拉克创造了汽车行业的众多第一,被誉为世界豪华车的行业标准(图3-54)。

图3-53　凯迪拉克标志

图3-54　凯迪拉克CTS汽车

2 福特汽车

福特汽车公司(图3-55)是世界最大的汽车企业之一,总部设在美国密歇根州迪尔伯恩市。

今天的福特汽车公司仍然是世界一流的汽车企业,坚守着亨利·福特先生开创的企业理念:“消费者是我们工作的中心所在。我们在工作中必须时刻想着消费者,提供比竞争对手更好的产品和服务。”

福特汽车公司旗下拥有福特(图3-56)、林肯等汽车品牌。福特汽车公司从事制造和装配业务的工厂遍及全球,产品行销全球6大洲。

林肯是福特旗下的一款豪华车品牌,创立于1922年,创始人为亨利·马代恩·利兰。

林肯轿车(图 3-57)是以美国第 16 任总统的名字亚伯拉罕·林肯命名的汽车,借助林肯总统的名字来树立公司的形象,显示该公司生产的是顶级轿车。其商标(图 3-58)是在一个矩形中含有一颗闪闪放光的星辰,表示林肯总统是美国联邦统一和废除奴隶制的启明星,也喻示福特林肯牌轿车光辉灿烂。

图 3-55 福特标志

图 3-56 福特撼路者越野汽车

图 3-57 林肯领航员越野车

图 3-58 林肯标志

3 克莱斯勒汽车

克莱斯勒(图 3-59)汽车公司是美国著名的汽车公司,同时也是美国三大汽车公司之一(图3-60),公司总部设在密歇根州海兰德帕克。该公司创始人为沃尔特·克莱斯勒(Walter Chrysler),1875 年出生于美国艾奥瓦洲一个铁路技师的家庭。该公司现为戴姆勒—克莱斯勒旗下子公司。克莱斯勒旗下拥有 Jeep、道奇、克莱斯勒(图 3-61)等汽车品牌。1998 年德国戴姆勒—奔驰公司和美国克莱斯勒公司合并为全球化运营的戴姆勒—克莱斯勒集团。

图 3-59 克莱斯勒汽车集团新标志

图 3-60 克莱斯勒汽车标志

2009 年 4 月 30 日,美国总统奥巴马宣布了克莱斯勒将于美国时间 4 月 30 日正式破产,由美国政府和菲亚特接手。2019 年 11 月标致雪铁龙集团(PSA)与菲亚特克莱斯勒集团

图3-61　克莱斯勒300C汽车

(FCA)宣布以50∶50股权的方式组建全新公司。合并后的新公司将以870万台的新车年销量成为全球第四大汽车集团。

吉普(JEEP)是一个品牌,而不是一种车型。世界上第一辆吉普车是1941年在第二次世界大战中为满足美军军需生产的。戴姆勒—克莱斯勒公司作为吉普的鼻祖,单独拥有这一注册商标(图3-62)。在中国,吉普品牌仅限北京吉普汽车有限公司使用。Jeep品牌在汽车领域率先定义了运动型多用途车(SUV)细分市场,并将继续引领SUV市场的未来(图3-63)。吉普汽车的主要车型有:指南者、牧马人、大切诺基等。

图3-62　Jeep标志

图3-63　Jeep TRAILHAWK概念车

三 亚洲著名汽车品牌

1 丰田汽车集团

丰田汽车集团(TOYOTA)是一家总部设在日本爱知县丰田市和东京都文京区的汽车工业制造公司,是世界十大汽车工业公司之一,也是日本最大的汽车公司,创立于1933年,创始人为丰田喜一郎。丰田汽车公司自2008年始逐渐取代通用汽车公司而成为全世界排行第一位的汽车生产厂商。丰田公司三个椭圆的标志(图3-64)是从1990年初开始使用的。标志中的大椭圆代表地球,中间由两个椭圆垂直组合成一个T字,代表丰田公司。它象征丰田公司立足于未来,对未来的信心和雄心。丰田汽车公司旗下品牌主要包括雷克萨斯、丰田等系列高中低端车型。丰田汽车的主要车型有:卡罗拉、威驰、凯美瑞、荣放、汉兰达、雅力士、亚洲龙等。丰田汽车不仅生产高性能轿车,而且致力于为客户提供环保便捷的出行工具,2019年推出了新一代基于人工智能的移动出行工具丰田e-Palette(图3-65)。

雷克萨斯(Lexus)是丰田汽车公司旗下的豪华车品牌,它于1983年被首次提出,仅用十几年的时间,自1999年起,在美国的销量超过奔驰、宝马,成为全美豪华车销量最大的品牌。"雷克萨斯"(Lexus)的读音与英文"豪华"(Luxury)一词相近,容易使人联想到该车是豪华轿车。雷克萨斯汽车商标(图3-66)采用在车名"Lexus"字母"L"外用一个椭圆包围的图案,椭圆代表着地球,表示雷克萨斯轿车遍布全世界(图 3-67)。雷克萨斯的主要车型有:Lexus-LX、Lexus-RX、Lexus-LS 等。

图 3-64 丰田标志

图 3-65 丰田移动出行工具 e-Palette

图 3-66 雷克萨斯标志

图 3-67 雷克萨斯 NX 汽车

2 本田汽车

本田汽车公司(HONDA)于 1948 年,由传奇式人物本田宗一郎创立,总部设在日本东京。本田标志图案(图 3-68)中的 H 是“本田”拼音 Honda 的第一个字母。这个标志体现出技术创新、职工完美和经营坚实的特点,同时还有紧张感和可以放松一下的轻松感。

本田汽车公司在全球 29 个国家和地区拥有 130 多个生产基地,汽车产量和规模名列世界十大汽车厂家之列,还是世界上最大的摩托车生产厂家。本田汽车的主要车型有:雅阁(图 3-69)、飞度、锋范、奥德赛、CRV、思域等。

图 3-68 本田标志

图 3-69 本田 2019 款雅阁汽车

3 日产汽车

日产汽车公司(图 3-70)于 1933 年在日本神奈川县横滨市创立,其前身是户姻铸造公司和日本产业公司合并的汽车制造公司。1934年开始使用现名“日产汽车公司”。日产汽车公司的总部现设在日本东京市。目前,拥有分布于包括日本在内的全球16个国家的生产基地,为160多个国家与地区提供商品及相关服务。日产公司的汽车产品分实用型(货车、小型客货车和四轮驱动车)、豪华型和普通型,主要车型有:天籁、轩逸(图3-71)、蓝鸟、奇骏、逍客、骐达等。

图3-70 日产标志

图3-71 日产轩逸汽车

1989年11月8日,经过数年的研发和周密计划,日产汽车公司的豪华品牌——英菲尼迪(Infiniti,图3-72)在北美首次面世,上市的车型包括高性能豪华轿车Infiniti Q45和充满操控乐趣的豪华双门跑车Infiniti M30。几年之内,凭借独特前卫的设计、出色的产品性能和贴心的客户服务,英菲尼迪迅速成为北美豪华车市场最重要的品牌之一,拥有双门跑车、轿车、越野车和SUV等车型,如图3-73所示。到2005年,英菲尼迪在美国的累计销量已经超过了100万辆。

图3-72 英菲尼迪标志

图3-73 英菲尼迪Q50L汽车

4 马自达汽车

马自达汽车有限公司(图3-74),总部位于日本广岛,是日本第四大汽车制造商,世界著名汽车品牌,还是世界上唯一研发和生产转子发动机的汽车公司(图3-75)。

马自达公司创立于1920年,1931年正式开始在广岛生产小型载货车,20世纪60年代初正式生产轿车,自1981年到2002年,马自达已累积生产了各种汽车3500多万辆。在20世纪90年代之前,马自达汽车公司在日本国内的排名始终紧随在丰田、日产之后,也是世界知名的日本汽车品牌之一。马自达汽车在世界各地都取得了不俗的销售业绩。马自达汽车的主要车型有:马自达3、马自达5、马自达8、马自达CX-3等。

图 3-74 马自达标志

图 3-75 搭载转子发动机的马自达 RX-8 汽车

5 三菱汽车

三菱汽车公司是日本第五大汽车制造商，也是全球第 15 大汽车制造商，主要生产私家车及轻型商用车辆，总部位于日本东京，属于三菱集团的核心企业之一。

三菱的标志（图 3-76）由三枚菱形钻石组成，正为突显其蕴含雅致的菱钻式造车艺术。三菱推出了很多款车型，如 Diamante、GTO、Galant、Mirage、RVR、Pajero 等，奠定了三菱在车坛上的菱钻形象（图 3-77）。

图 3-76 三菱标志

图 3-77 三菱翼神汽车

6 现代汽车

现代汽车公司（图 3-78）是韩国最大的汽车企业，世界 20 家最大汽车公司之一，创立于 1967 年，创始人为郑周永。公司总部在韩国首尔，目前现代汽车公司已发展成为现代集团，其经营范围由汽车扩展到建筑、造船和机械等领域。现代汽车主要车型有：途胜（图 3-79）、伊兰特、索纳塔、悦动等。

图 3-78 现代标志

图 3-79 现代途胜汽车

7 起亚汽车

起亚汽车公司(图3-80),是韩国最早的汽车制造商,现在隶属于现代集团。它拥有完善的乘用车和商用车生产流水线,拥有330万 m^2 厂房的牙山湾工厂和79万 m^2 的所下里工厂,具有年产100万辆汽车的生产力。起亚汽车通过在180多个国家的销售网络进行销售。起亚汽车的主要车型有:智跑、锐霸、嘉华、赛拉图、K5(图3-81)等。

图3-80 起亚标志

图3-81 东风悦达起亚K5汽车

第二节 中外合资品牌与自主品牌

经过30多年的快速发展,我国已成为世界最大的汽车市场,2019年全国汽车保有量超过3亿辆。我国汽车产业形成了以一汽集团、上汽集团、东风集团、长安集团、广汽集团、北汽集团为龙头,以吉利汽车、长城汽车、奇瑞汽车、华晨汽车为主要骨干的产业格局。

进入新时代,我国汽车产业格局正在发生前所未有的变化,汽车产业由量的扩张到质的提升发展,我国汽车产业政策也随着产业变化进行相应的调整。我国汽车工业转型升级,发展绿色出行、节能减排势在必行。随着电动汽车技术的不断成熟、人工智能和互联网技术的广泛应用,2019年我国一跃成为新能源电动汽车最大的产销市场,涌现出了一大批造车新势力,形成了共享汽车、智能汽车的新产业格局。

一 一汽汽车

中国第一汽车集团有限公司,简称中国一汽(图3-82),总部位于吉林省长春市,前身为第一汽车制造厂,是我国汽车工业的摇篮,诞生了中国第一辆"解放"牌载货汽车,结束了中国不能制造汽车的历史。

中国一汽坚持"全球先发、崭新首创"的理念,分别在长春、北京、上海、慕尼黑、硅谷构建了红旗造型设计院、新能源研发院、智能网联研发院、前瞻技术创新分院和体验感知测量研究院。在南非、巴基斯

图3-82 中国一汽标志

坦、墨西哥、俄罗斯等14个国家建有16个海外组装生产基地,散装组件(Knocked Down,KD)出口比例超过60%。

一汽集团下辖红旗分公司、一汽解放汽车有限公司、一汽轿车股份有限公司(生产奔腾)、一汽—大众汽车有限公司(生产大众和奥迪)等整车生产企业。主要汽车品牌包括:红旗轿车、奔腾乘用车、解放品牌卡车、解放品牌客车、一汽—大众品牌乘用车、一汽—奥迪品牌乘用车、一汽—丰田品牌乘用车等。

1 红旗轿车

红旗牌轿车(图3-83)诞生于1958年,是我国制造的第一款轿车。红旗牌轿车自诞生之日起便成为国家领导人和国家重大活动的国事用车。红旗轿车不仅是中国汽车工业的一面旗帜、一个著名的汽车品牌,更是一种深深的情怀和神圣的记忆。

红旗轿车经过几代一汽汽车人的努力,如今重整旗鼓再出发,在新时代正以崭新的面貌迎接市场的挑战。在新能源、智能网联、出行、生态等领域,将以全部电动化作为新红旗的驱动动力,不断推出更加智能化、高度自动化、完全自动化驾驶的新红旗产品。

目前红旗轿车产品主要包括L系列(新高尚红旗至尊车)、S系列(新高尚红旗轿跑车)、H系列(新高尚红旗主流车)、Q系列(新高尚红旗商务出行车)、E系列(新能源车)(图3-84)。2020年1月8日一汽集团在人民大会堂发布新红旗H9(图3-85)。

图3-83 红旗牌轿车

图3-84 红旗E系列纯电动汽车

图3-85 2020款红旗H9豪华轿车

2 一汽—奔腾

一汽轿车股份有限公司(FAW Car Co., Ltd.)成立于1997年6月10日,是中国第一汽车集团的控股子公司,是一汽集团发展自主品牌乘用车的核心企业,是中国轿车制造业第一家股份制上市公司。公司现有一汽—奔腾、一汽—马自达两个乘用车产品系列。

一汽—奔腾是一汽轿车2006年推出的自主品牌新产品,也是国内第一款自主品牌中高级轿车。一汽—奔腾目前在售奔腾T33、T77、T99(图3-86)三款SUV产品,以及奔腾B90、B70、B50、B30四款轿车产品。

图3-86 一汽—奔腾T99

3 一汽—丰田

一汽—丰田汽车有限公司成立于2000年6月,总部位于天津经济技术开发区。一汽—丰田共有天津、长春、成都三大生产基地。一汽—丰田公司的主导产品有奕泽、威驰、卡罗拉、亚洲龙、皇冠轿车和荣放(图3-87)、普拉多、兰德酷路泽越野车以及客车柯斯达。

图3-87 一汽—丰田2019款荣放SUV

4 一汽—大众

一汽—大众汽车有限公司(简称一汽—大众)成立于1991年,由中国第一汽车集团有限公司和德国大众汽车股份公司、奥迪汽车股份公司及大众汽车(中国)投资有限公司共同成立。一汽—大众是我国第一个按经济规模起步建设的现代化乘用车工业基地。经过近30

年的发展，一汽—大众建立了长春、成都、佛山、青岛以及天津五大生产基地，拥有轿车一厂、轿车二厂、轿车三厂、轿车四厂、轿车五厂、轿车六厂、动力总成事业部以及冲压中心八大专业生产厂。

一汽—大众的主要产品有：奥迪、大众、捷达三大品牌近 20 款产品，包括奥迪 A3、A4、A5、A6、A7、A8、Q2、Q3、Q5、Q7 及电动车 e-tro（图 3-88）系列、大众迈腾、CC、探岳（图 3-89）、探歌、速腾、高尔夫、高尔夫·嘉旅、蔚领、宝来系列以及捷达品牌产品，一汽—大众已成为国内成熟的覆盖 A、B、C 级全系列乘用车型的生产企业。

图 3-88 奥迪纯电动汽车 e-tro

图 3-89 一汽—大众探岳 SUV

二 东风汽车

东风汽车（图 3-90）集团 1969 年创立于湖北省十堰市，前身是“第二汽车制造厂”，1992 年更名为东风汽车公司，2005 年成立控股子公司东风汽车集团股份有限公司，在香港联交所挂牌上市。2017 年完成公司制改制，更名为东风汽车集团有限公司。

东风汽车公司主营业务涵盖全系列商用车、乘用车、新能源汽车、军用车、关键汽车总成和零部件、汽车装备以及汽车相关业务。公司建立了武汉、十堰、襄阳、广州等四大基地，在瑞典建有海外研发基地，在中东、非洲、东南亚等区域建有海外制造基地，在南美、东欧、西亚等区域建有海外营销平台，还是法国标致雪铁龙集团三大股东之一。

图 3-90 东风汽车标志

东风汽车公司坚持自主发展，乘用车已形成东风风神（图 3-91）、东风风行、东风风光等多个自主品牌；合资品牌包括东风日产、东风本田（图 3-92）、东风标致（图 3-93）、东风雪铁龙、东风悦达起亚、东风雷诺（图 3-94）、东风英菲尼迪、东风裕隆等品牌。

图 3-91 东风风神 AX7

图 3-92 东风本田思铂睿

图3-93　东风标致5008

图3-94　东风雷诺科雷缤

三 上海汽车

上海汽车集团股份有限公司简称上海汽车(图3-95),成立于2004年11月29日。目前,上汽集团整车板块主要包括上汽集团乘用车公司、上汽大通汽车有限公司、上海大众汽车有限公司、上海通用汽车有限公司、上汽通用五菱汽车股份有限公司、南京汽车集团有限公司、南京依维柯汽车有限公司、上汽依维柯红岩商用车有限公司和上海申沃客车有限公司等整车企业。

上海汽车自主品牌主要有:荣威(图3-96)、名爵(图3-97)、上海大通、跃进、宝骏、五菱宏光等。合资品牌主要有:上汽大众、上汽通用、上汽通用五菱、申沃客车、上汽依维柯红岩、南京依维柯等。

图3-95　上海汽车集团标志

图3-96　荣威标志

图3-97　名爵标志

1 上汽通用

上海通用汽车有限公司成立于1997年6月12日,由上海汽车集团股份有限公司、通用汽车公司共同出资组建而成,目前拥有浦东金桥、烟台东岳、沈阳北盛3大生产基地,共4个整车生产厂、2个动力总成厂,是中国汽车工业的重要领军企业之一。目前已拥有别克(图3-98)、雪佛兰、凯迪拉克等品牌,共二十多个系列的产品阵容,覆盖了从顶级豪华车到经济型轿车各梯度市场,以及高性能豪华轿车、MPV、SUV等细分市场。

2 上汽大众

成立于1985年的上海大众汽车有限公司,2015年更名为上汽大众汽车有限公司(简称上汽大众)是一家中德合资企业,双方投资比例各为50%。公司总部位于上海安亭国际汽车城,占地面积333万m^2。2008年成立的上汽大众南京分公司为第四个整车生产基地,位于南京市江宁经济技术开发区,占地面积63.5万m^2。

上汽大众是国内规模最大的现代化轿车生产基地之一。基于大众、斯柯达两大品牌,公司目前拥有桑塔纳、帕萨特(图3-99)、Polo、途安、朗逸、途观、明锐、晶锐和昊锐等十大系列产品,覆盖A0级、A级、B级、SUV等不同细分市场。

图3-98 上汽通用别克汽车

图3-99 上汽大众新帕萨特汽车

四 北京汽车

北京汽车集团有限公司(简称北汽集团)成立于1958年。其前身为北京汽车制造厂,自主研发生产第一辆“井冈山”牌轿车,以及中国第一代轻型越野车BJ212。2009年12月,北京汽车收购瑞典萨博汽车公司,以高端品牌萨博的先进技术开辟中国汽车产业的全新格局。

目前,北汽集团旗下拥有:北京汽车、北汽越野车、昌河汽车、北汽新能源、北汽福田、北京现代、北京奔驰、北京通航、北汽研究院等企业。其自主品牌有北京汽车(智道U7、智行、D50等),北汽昌河(Q35、Q25、M60等),北汽越野车(BJ20、BJ40、BJ80、X65、X35、X25等),北汽福田(迦途、萨瓦纳、拓路者等)、北汽银翔(幻速系列)等。合资品牌主要有北京奔驰、福建奔驰和北京现代等。

1 北京奔驰

北京奔驰汽车有限公司(简称北京奔驰)是北京汽车集团有限公司与戴姆勒股份公司、戴姆勒大中华区投资有限公司组建的合资企业,于2005年8月8日正式成立。

北京奔驰工厂位于北京经济技术开发区,具备年产10万辆汽车的生产能力。作为中国最先进的世界级汽车制造企业,北京奔驰为汽车企业设立了全新标准:精益化制造、先进的质量工艺、环保科技和对员工的关注。北京奔驰目前生产梅赛德斯—奔驰全新长轴距E级轿车和C级轿车(图3-100)。

2 北京现代

北京现代汽车有限公司(简称北京现代)是一家位于北京市的中韩合资汽车制造商,于2002年10月18日成立,中资母公司是北汽控股。北京现代目前生产和销售的车型主要有:昂希诺、悦纳、领动、逸行、索纳塔、途胜、ix25、ix35(图3-101)等。

五 广汽集团

广州汽车集团股份有限公司(简称广汽集团)创立于2005年6月28日,由广州汽车集团有限公司整体变更成立,是一家大型国有控股股份制企业集团。

图3-100　北京奔驰C280汽车

图3-101　北京现代ix35汽车

广汽集团主要的业务有面向国内外市场的汽车整车及零部件设计与制造,汽车销售与物流,汽车金融、保险及相关服务,具有独立完整的产、供、销及研发体系。目前集团旗下拥有广汽乘用车、广汽本田、广汽丰田、广汽三菱、广汽传祺、本田(中国)、广汽客车、广汽日野、广汽部件、广汽丰田发动机、广汽商贸、广爱公司、同方环球、中隆投资、广汽汽研院等数十家知名企业。

1 广汽本田

广汽本田汽车有限公司(简称广汽本田或广本)于1998年7月1日成立,它是由广州汽车集团公司与日本本田技研工业株式会社共同出资组建的合资公司,双方各占50%股份,合作年限为30年。广汽本田目前有广州黄埔工厂和广州增城工厂两个厂区,生产能力合计达到年产48万辆,合计占地面积为160万m^2。

目前,广汽本田的产品包括皓影、冠道、凌派、雅阁、奥德赛、锋范和飞度等车型。

2 广汽丰田

广汽丰田汽车有限公司成立于2004年9月1日,由广汽集团与日本丰田汽车公司各出资50%组建。

公司位于中国最具活力的珠三角的几何中心——广州南沙区,占地面积187万m^2,建筑面积44万m^2。现有凯美瑞(含混合动力)、威兰达、广汽丰田iA5和汉兰达等车型。

六 其他自主品牌

1 比亚迪汽车

比亚迪成立于1995年，总部位于深圳市龙岗区，拥有IT、汽车和新能源三大产业。2003年，比亚迪从IT电池领域进入汽车领域并快速发展壮大。比亚迪英文名为“Build Your Dreams”，简称BYD，意为“成就你的梦想”（图3-102）。

“技术创新，值得信赖，引领绿色出行”是比亚迪汽车一直以来坚守的品牌价值，坚持大力发展科技节能与新能源汽车，矢志为全社会带来更节能环保、更安全、更便利、更享受的汽车生活。经过20多年的高速发展，比亚迪集团已由成立之初的20人壮大到目前的24万人，并在全球设立30多个工业园，实现全球六大洲的战略布局，在国内，比亚迪拥有长沙、西安等多个生产基地。比亚迪作为国内唯一掌握三电核心技术的新能源汽车企业用第三代DM（双模）技术为用户服务。

目前比亚迪的主要车型有王朝系列（唐、宋、秦、元）（图3-103）和e系列（e1、e2、e3、e5、e6）。

图3-102 比亚迪标志

图3-103 比亚迪全新一代唐EV

2 奇瑞汽车

奇瑞汽车股份有限公司（图3-104）成立于1997年，“自主创新”是奇瑞汽车发展战略的核心，产品出口到全球80多个国家和地区，在芜湖、大连、鄂尔多斯、常熟等地以及巴西、伊朗、俄罗斯等国共建有14个生产基地。建成融合奇瑞、奇瑞捷豹路虎、观致的“大研发”格局，形成了从整车、动力总成、关键零部件开发到试制、试验较为完整的产品研发体系。

图3-104 奇瑞标志

通过自主创新，奇瑞在DVVT（双可变气门正时技术）、TGDI（涡轮增压缸内直喷技术）、CVT（无级变速器技术）、新能源以及智能技术等核心技术上获得突破。2018年，奇瑞正式发布了智能化品牌战略“奇瑞雄狮 CHERY LION”，向智能化全面转型，致力于为全球消费者提供一种“新时代智能互联”的生活方式。

奇瑞汽车旗下主要有艾瑞泽（图3-105）、瑞虎、QQ和风云等知名产品系列和高端品牌星途。旗下合资企业拥有捷豹(图3-106)、路虎、凯翼、观致等品牌。

图3-105　奇瑞汽车艾瑞泽系列

图3-106　奇瑞捷豹 XFL 轿车

3 吉利汽车

浙江吉利控股集团总部位于中国杭州,由吉利汽车集团、沃尔沃汽车集团、吉利科技集团、吉利新能源商用车集团和铭泰集团等五大核心子集团组成(图3-107)。吉利控股集团旗下拥有吉利汽车、领克汽车、沃尔沃汽车(图3-108)、极星汽车、宝腾汽车、路特斯汽车、伦敦电动汽车、远程汽车、太力飞行汽车、曹操专车、盛宝银行、铭泰等众多国际知名品牌。吉利控股集团还是沃尔沃集团第一大持股股东,戴姆勒股份公司第一大股东。吉利汽车自主品牌主要车型包括博瑞系列、博越系列、帝豪系列和远景系列等。

图3-107　吉利控股集团

图3-108　吉利旗下沃尔沃 XC90

2020年1月8日,浙江吉利控股集团和梅赛德斯—奔驰股份公司宣布组建Smart品牌全球合资公司“智马达汽车有限公司”(Smart Automobile Co., Ltd.),在全球范围内联合运营和推动Smart品牌转型升级。

4 长安汽车集团

重庆长安汽车股份有限公司,简称长安汽车(图3-109),为中国兵器装备集团有限公司旗下的核心整车企业,是我国四大汽车集团之一。目前,长安汽车在全球有16个生产基地、35个整车及发动机工厂。长安汽车旗下有长安福特、长安马自达、长安标致雪铁龙、江铃控股、长安铃木等合资、合作企业。长安汽车分别在重庆、北京、河北、合肥,意大利都灵、日本横滨、英国伯明翰、美国底特律和德国慕尼黑建立起“六国九地”全球协同研发中心,拥有专业的汽车研发流程体系和试验验证体系。

长安汽车推出了自主品牌 CS 系列(图 3-110)、逸动系列、锐程 CC 等一系列经典车型,坚持“节能环保、科技智能”理念,大力发展智能新能源汽车。在智能化领域,发布“北斗天枢计划”,打造智能出行伴侣“小安”。在新能源领域,发布“香格里拉计划”,制定了千亿行动、万人研发、伙伴计划与极致体验四大战略行动,到 2025 年,将全面停售传统意义燃油车,实现全谱系产品的电气化。

长安汽车以“引领汽车文明,造福人类生活”为使命,努力为客户提供高品质的产品和服务,为员工创造良好的环境和发展空间,为社会承担更多责任,向“打造世界一流汽车企业”的宏伟愿景迈进。

长安汽车
CHANGAN AUTO

图 3-109 长安汽车标志

图 3-110 长安 CS 系列电动汽车

5 华晨汽车

华晨汽车集团控股有限公司(简称华晨汽车,英文 Brilliance Auto),是中国汽车工业高起点“自主创新、自有技术、自主品牌”的主力军。华晨汽车是一个集整车、发动机、核心零部件研发、设计、制造、销售以及资本运作为一体的大型国有集团。拥有四家上市公司(华晨中国汽车控股有限公司、上海申华控股股份有限公司、金杯汽车股份有限公司、新晨中国动力控股有限公司),160 余家全资、控股和参股公司,在多个“一带一路”沿线国家建立海外 KD(散件组装)工厂。

华晨汽车集团在国内已建成南北两大产销基地,五个整车生产企业、四个发动机生产企业和多家零部件生产企业,企业旗下有“中华”“金杯”“华颂”三大自主品牌以及“华晨宝马”“华晨雷诺”两大合资品牌,产品覆盖乘用车、商用车全领域。

华晨汽车秉承“品质先,方敢天下先”的企业经营理念,肩负“走自主创新路、造国民精品车”的企业使命,形成了“国际化、市场化、现代化”的独特企业文化。华晨中华旗下主要车型有 V7(图 3-111)、V6、V3、H3。

6 江淮汽车

安徽江淮汽车集团股份有限公司(简称江淮汽车或 JAC,图 3-112),前身为 1964 年 5 月 20 日成立的合肥江淮汽车制造厂,现已发展成为一家集全系列商用车、乘用车及动力总成研产销于一体、以“先进节能汽车、新能源汽车、智能网联汽车”并举,涵盖汽车出行、金融服务等众多领域的综合型汽车企业集团。

图3-111　华晨中华 V7

图3-112　江淮标志

图3-113　江淮 iEV7S 纯电动 SUV

公司现有主导产品包括:重、中、轻、微型载货汽车,多功能商用车、MPV、SUV、轿车、客车以及专用底盘、变速器、发动机、车桥等核心零部件。拥有瑞风、江淮iEV(图3-113)、帅铃、骏铃、康铃、格尔发、和悦、星锐、锐捷特等自主品牌。

江淮汽车与德国大众汽车、康明斯发动机、西班牙桑坦德银行等知名企业分别建有合资公司。2018年7月,江淮汽车与大众汽车、西雅特合作,共同建立新能源汽车研发中心暨共同开发纯电动汽车平台,推出江淮大众合资品牌——SOL(思皓)。2019年,江淮汽车成功参与收购哈萨克斯坦最大汽车工业集团——Allur集团,成为江淮汽车开发关税同盟市场和中亚市场国际化战略的重要起点。

7 长城汽车

长城汽车股份有限公司(简称长城汽车)是全球知名的SUV、皮卡制造商。旗下拥有哈弗、WEY(图3-114)、欧拉(图3-115)和长城皮卡四个品牌,产品涵盖SUV、轿车、皮卡三大品类。长城汽车在国内已形成保定、徐水、天津、重庆、江苏、山东、浙江生产基地。在海外,长城汽车还在厄瓜多尔、马来西亚、突尼斯和保加利亚等国家建设了KD工厂。长城汽车独资兴建的俄罗斯图拉州工厂于2019年6月5日正式竣工投产,这是中国品牌汽车企业在海外首个具备四大工艺的整车工厂。

图3-114　长城 WEY 品牌 VV7 车型

图3-115　长城欧拉 RI 电动汽车

8 海马汽车

海马汽车股份有限公司(简称海马汽车,图3-116)创始于1988年,旗下拥有海马汽车有限公司、海马新能源汽车有限公司、一汽海马汽车有限公司等,已形成集研发、生产、销售、服务、物流、金融等为一体的现代化汽车集团,致力于中国民族汽车工业的发展。目前主要产品包括海马(8S、S5、M3、M6)系列、福美来(F5、F7)系列和海马新能源(爱尚EV、普力马EV、S7)(图3-117)系列。

三十年来,海马汽车已实现向埃及、智利、菲律宾、越南等20多个国家和地区的整车出口,在“一带一路”沿线建设KD工厂,展示了“中国制造”新形象。

图3-116 海马汽车标志

图3-117 海马爱尚EV纯电动汽车

9 造车新势力

随着互联网技术、物联网技术、人工智能技术在汽车领域的广泛应用以及电动汽车“三电”技术的不断成熟,汽车行业涌现出了一大批基于IT理念而不是以传统汽车厂商思路制造汽车,运用互联网、人工智能技术与电动汽车结合的汽车制造商,我们称之为“造车新势力”。

在这些造车新势力中,最为成功的是美国的特斯拉(图3-118)。特斯拉总部位于美国加利福尼亚州硅谷的帕罗奥多,2003年最早由马丁·艾伯哈德和马克·塔彭宁共同创立。创始人将公司命名为“特斯拉汽车”,以纪念物理学家尼古拉·特斯拉。

特斯拉首席执行官埃隆·马斯克表示,特斯拉的愿景是“加速全球向可持续能源的转变”。特斯拉在2019年9月27日成立特斯拉建设(上海)有限公司,在中国生产特斯拉Model S(图3-119)、Model 3、Model X、Model Y系列轿车。

随着大量资本进入汽车行业,我国同样涌现出了一大批的造车新势力。以小鹏(图3-120)、云度(图3-121)、蔚来(图3-122)、威马(图3-123)、前途(图3-124)、合众(图3-125)为代表的造车新势力迅速发展,2018年成为造车新势力的交付元年。造车新势力作为我国汽车行业中涌现的新生力量,为产业电动化、智能化、网联化与共享化变革带来了“鲶鱼效应”。虽然目前它们的产销量还不大,但发展势头不容忽视。

蔚来汽车成立于2014年11月,是新生代智能电动汽车品牌。蔚来汽车旗下主要产品包括蔚来EC6、蔚来ES8、蔚来ES6、蔚来EP9、蔚来EVE等。目前,蔚来已在在上海、北京、圣何塞、慕尼黑以及伦敦等全球12地设立研发与生产机构,汇聚了数千名世界顶级的汽车、软件和用户体验的行业人才,在中国市场初步建立了覆盖全国的用户服务体系。

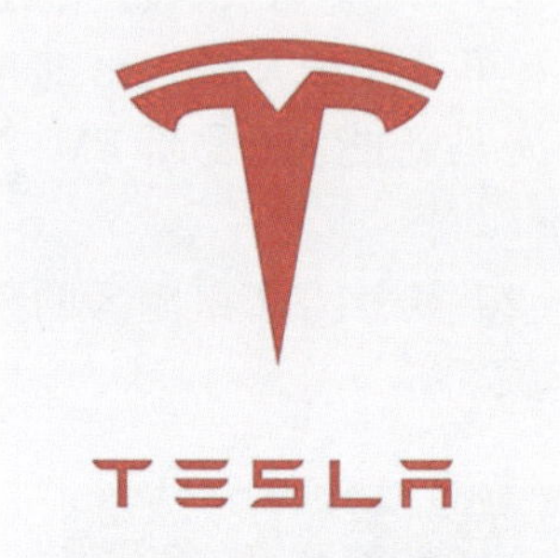

图3-118　特斯拉标志

图3-119　特斯拉Model S电动汽车

图3-120　小鹏汽车

图3-121　云度汽车

图3-122　蔚来汽车

图3-123　威马汽车

小鹏汽车成立于2014年,总部位于广州,是中国领先的智能电动汽车公司,是广州橙行智动汽车科技有限公司旗下的互联网电动汽车品牌。小鹏汽车智能系统以中控大屏为主要技术核心,它不仅仅是一个互联网的入口和终端外,更多的是一个智能化的人机交互操作平台,小鹏智能系统结合外围的传感器资源如智能相机、雷达、GPS等,能够搭建起智能驾驶平台,是我国智能网联汽车技术的先进代表之一。

图 3-124 前途汽车

图 3-125 合众新能源旗下的哪吒汽车

实训模块

1. 请同学们在课余时间分组到不同品牌的 4S 店,了解各品牌的主要车型及主要技术参数,并拍照记录。

2. 请同学们按不同品牌汽车制作 PPT 和手抄报介绍不同品牌汽车的发展史、企业文化、主要车型和主要技术。

思考与练习

一、填空题

1. 大众汽车公司是世界第三大汽车制造商,总部位于________沃尔夫斯堡,成立于________年,创始人是________。

2. ________旗下有梅赛德斯—奔驰等汽车品牌,1998 年,其与克莱斯勒公司合并为________,成为历年来汽车制造业最大的一起合并。

3. 通用汽车总部位于________,________年申请破产保护,7 月 10 日更名为________,主要的品牌有________。

4. 丰田汽车公司于________年成立,创始人是________,________年开始逐渐取代通用汽车公司而成为全世界排行第一位的汽车生产厂商。

5. 吉利汽车自主品牌主要车型包括________、________、________、________等。

二、判断题

1. 吉普(Jeep)是福特汽车公司旗下品牌之一。 ( )

2. 马自达是世界上唯一研发和生产转子发动机的汽车公司。 ( )

3. 雪铁龙公司总部设在法国巴黎。 ( )

4. 2003 年,劳斯莱斯汽车公司归入宝马集团。 ( )

5. 法拉利也是菲亚特的下属公司,但它是独立运作的。 ( )

6. 阿斯顿 · 马丁现为福特汽车旗下品牌。 ( )

7. 东风汽车公司的前身是“第二汽车制造厂”。 ( )

8. “红旗”属于一汽的自有品牌、自有商标。 (　　)

三、问答题

1. 大众汽车公司旗下有哪些品牌？它的品牌标志的含义是什么？
2. 通用公司有几个核心品牌？它与战略合作伙伴生产和销售什么车型？
3. 戴姆勒—奔驰与克莱斯勒汽车公司合并后,公司具有哪些优势？
4. 日本汽车品牌旗下有哪些高端品牌？与这些高端品牌处于同一级别的品牌有哪些？
5. 法国有哪些著名的汽车企业？它们的地位如何？

四、拓展练习

请对我国造车新势力现状进行市场调研,并提交调研报告。

第四章 汽车与生活

知识目标

1. 了解国内外车展概况；
2. 了解汽车国内外汽车市场状况；
3. 了解汽车运动的历史、分类及特点。

能力目标

1. 提高欣赏和总结能力；
2. 提高观察问题和思考问题的能力。

素养目标

1. 培养发现生活中的美，学会欣赏美，陶冶情操，热爱生活的高尚情操；
2. 学会汽车礼仪文化，学习传统礼仪，形成礼仪习惯；
3. 具备品鉴汽车之美的能力，感受汽车工业的魅力。

建议学时

6 学时。

第一节 汽车展览

汽车展览起源于汽车发源地——法国。浪漫的法国人于 1894 年在巴黎香榭丽舍大街产业宫举办了一个“世界自行车、汽车博览会”，当时有 9 家公司参加展出，展品有自行车、摩托车、蒸汽机汽车和汽油汽车。这就是世界上最早的汽车展览，自此汽车展览在各地蓬勃发展。

如今，汽车展览已经成为汽车制造商们展示新产品的舞台，各汽车厂家为了抢夺市场份额不惜代价地在汽车展览中争奇斗艳,上演一幕幕华丽的殊死较量。层出不穷的新车型、千奇百怪的概念车、琳琅满目的高档车以及浓厚的汽车文化氛围,吸引了千千万万的观众前去感受世界汽车工业跳动的脉搏。

一 世界五大国际车展

衡量某一车展是否为国际一流车展的主要依据是:

(1)参展商规模和级别、汽车展品的档次;

(2)首次亮相的新车、概念车的数量;

(3)展出面积、配套设施的先进性、完备性;

(4)主办方的服务质量;

(5)国内外媒体宣传报道量、观众数量和专业水平等。

经由"世界汽车工业国际协会"认定及国际社会普遍公认的美国北美国际车展、德国法兰克福车展、瑞士日内瓦车展、法国巴黎车展、日本东京车展被誉为"五大国际车展"。它们皆具有历史性与自我特色,在汽车世界的舞台上各领风骚。

1 美国北美国际车展

美国北美国际车展始于1900年11月纽约汽车俱乐部举办的第一届世界汽车博览会,后来辗转迁至汽车城底特律(图4-1),1989年才正式更名为"北美国际汽车展览会"。北美国际车展每年1月在美国底特律举行,至今已有一百多年的历史,是世界上历史最长、规模最大的车展之一。由于此车展在每年年初举行,所以被誉为"全球汽车风向标"。

图4-1 美国汽车城——底特律

2019 年北美国际车展于当地时间 1 月 14 日～27 日在美国底特律科博会会展中心举行。作为全球五大国际车展之一的北美国际车展，是每年辞旧迎新后的第一个国际车展，备受厂商、媒体以及全球消费者关注。2019 年北美国际车展全球首发的新车近 30 款（图 4-2）。在本次车展上广汽传祺首发了其纯电动 SUV 概念车——ENTRANZE，这款被官方定义为“崭新物种”的概念车采用了广汽传祺最新的设计语言（图 4-3）。

图 4-2 林肯在 2019 年北美国际车展发布大陆 80 周年纪念版

图 4-3 广汽新能源发布概念车

2 德国法兰克福车展

德国法兰克福车展前身为柏林车展，创办于 1897 年，1951 年移到法兰克福（图 4-4）举办。每两年举办一次，时间多设在 9 月中旬开展，为期两周。作为世界规模最大的车展之一，法兰克福车展有“世界汽车工业奥运会”之称，是五大车展中技术性最强的车展，也被誉为“最安静的车展”。其展出的车辆主要有轿车、跑车（图 4-5）、商务车、特种车、改装车及汽车零部件等。

图 4-4 德国法兰克福

图 4-5 法拉利 458 Italia 跑车

以“驾驭未来”为主题的 2019 年法兰克福国际车展于 2019 年 9 月 10 日～22 日在法兰克福会展中心举行，有来自 30 个国家和地区的约 800 家整车制造商、科技企业、零部件供应商、出行服务供应商和初创企业参加，共同勾勒汽车工业转型与未来可持续交通的图景。

图4-6　法国巴黎

3 法国巴黎国际车展

作为浪漫之都的巴黎(图4-6),它的车展如同时装一般时尚,总能给人以新车云集、争奇斗艳的感觉。该车展起源于1898年的国际汽车沙龙会,直至1976年都是每年一届。此后改为每两年一届,时间在9月底至10月初。展览面积占地近25万m^2,分八个展馆。巴黎车展颇具本土色彩,过去展品多为法国车和欧洲车,近年来美国车和日本车也逐渐增多。

2018年巴黎国际车展于2018年10月2日~14日在巴黎凡尔赛门展览中心举行。本次车展首发新车50余款,其中SUV占多半,雪铁龙旗下豪华品牌DS推出了DS3 Crossback,标致和雷诺也推出了概念车,如图4-7、图4-8所示。

图4-7　2018巴黎车展上的雷诺概念车

图4-8　2018巴黎车展上的雪铁龙电动汽车

4 瑞士日内瓦车展

瑞士没有自己的汽车工业,而日内瓦(图4-9)却承办着世界最知名的车展之一。日内瓦车展始于1905年,每年3月举行。虽然瑞士的汽车市场不大,但由于瑞士很富裕,所以日内瓦车展历来是豪华汽车及高性能改装车厂家的必争之地。日内瓦车展不仅档次高、水准高,更重要的是车展非常公平,没有任何歧视,因此广受好评。日内瓦车展是世界五大车展中最热闹的车展,被誉为“国际汽车潮流风向标”。

2019年日内瓦车展于2019年3月5日~17日在巴莱斯堡展览会议中心举行。日内瓦车展上推出了很多涉及电动化、自动驾驶技术、极致动力和性能参数的“新时代”概念车(图4-10、图4-11)。

图4-9　风景如画的日内瓦

图 4-10　2019 日内瓦车展上的菲亚特概念车

图 4-11　2019 日内瓦车展上的布加迪 DIVO

5 东京车展

东京车展是世界五大车展中历史最短的，创办于 1954 年，逢单数年为轿车展，双数年为商用车展，是亚洲最大的国际车展。展馆位于东京附近的千叶县幕张展览中心，是目前世界最新、条件最好的展示中心之一。东京车展历来是日本本土生产的各种千姿百态的小型汽车唱主角的舞台，但它对于世界汽车市场也有较深的影响，尤其对于亚洲汽车市场更有着重要的意义，被誉为“亚洲汽车风向标”。

2019 年第 46 届东京车展于 10 月 24 日 ~ 11 月 4 日举行，以“OPEN FUTURE”为主题，全方位展现了未来人类出行及交通运输方式的发展趋势。在本届车展上，丰田发布了氢动力汽车第二代 Mirai（图 4-12），新车最大的变化是基于 TNGA 架构打造，并且由前驱变为了后驱，续航里程较上一代增加 30% 达到了 643km。丰田同时推出了面向未来出行的 e · 4me 概念车（图 4-13）。

图 4-12　丰田氢燃料电池车 Mirai

图 4-13　丰田面向未来的概念车 e · 4me

二 中国车展

随着近几年中国汽车消费市场的蓬勃发展，中国车展无疑成为众多汽车品牌展示品牌实力与核心技术的最佳平台。国际汽车巨头欲借助这个舞台，让中国消费者对于汽车品牌有更加清晰的认知。本土的汽车品牌则可通过车展展现民族工业的飞速进步。在众多国内车展中，最具代表性的车展当属北京车展、上海车展、广州车展、长春车展。

1 北京国际车展

北京国际汽车展览会创办于1990年,每两年定期在北京举办。北京国际汽车展览会自创办以来,规模不断扩大,展会功能逐步完善,展品品质逐届提高(图4-14),影响范围日趋广泛,众多跨国汽车企业将北京车展列为全球A级车展。北京车展是迄今为止国内规模最大、档次最高、展品最新、品牌最全的具有一定国际影响力的汽车工业展览会。它为我国汽车工业的发展、自主汽车品牌的创立与发展发挥了重要的作用,并为促进中外汽车业界的交流与合作、我国会展经济的快速发展做出了积极巨大的贡献。

图4-14　2018年北京车展上的迈凯伦senna跑车

2 上海国际车展

上海国际车展创办于1985年,每两年举办一届。2019年4月16日~25日以"共创·美好生活"为主题的2019上海车展吸引了来自20个国家和地区的1000余家知名车商参与。本届车展展览总面积超过36万m^2,展出整车近1500辆,其中全球首发车129辆、新能源汽车218辆、概念车76辆(图4-15、图4-16),集中展示世界汽车工业的创新发展成果,全面展现汽车与信息通信、互联网、大数据、人工智能的深度融合。

图4-15　2019上海车展上的KARMA电动概念车

图4-16　2019上海车展上的INFINITI电动概念车

3 广州国际车展

广州国际汽车展览会(图4-17、图4-18)创办于2003年,每年举办一次,是国内规模最大、国际品质最高的综合性专业汽车展览会之一。

珠三角地区经济发达,以广州、深圳为中心的广东市场一直是国内最大的汽车消费市场之一。而且随着广汽本田、广汽丰田等汽车企业的建立,广州汽车产业的实力也得到进一步增强。广州车展凭借其得天独厚的产业与市场优势、专业权威的办展机构、科学细致的组织服务,已逐步成长为海内外汽车企业开拓中国市场、宣传企业形象的必选平台。

图 4-17　广州琶洲展馆

图 4-18　热闹的广州车展

4 长春国际车展

长春是中国汽车的一大制造中心(图 4-19),号称“中国底特律”,因此长春车展创展具有得天独厚的优势。长春国际汽车博览会虽然只举办了几届,但已形成了自己的特色。每一届都吸引了国内外众多汽车生产厂家和相关行业的企业参加。

目前,中国(长春)国际汽车博览会(图 4-20)已成为国内著名国际性车展之一,是我国第二个获得国际展览联盟认证的专业汽车展览会,并入选中国展会一百强。

图 4-19　中国第一汽车集团公司

图 4-20　长春车展

三 “侃”车展

在汽车产业蓬勃发展的今天,汽车文化影响着现代人。见到每年车展上肩膀顶着肩膀、只见人头不见车的盛况,我们禁不住好奇要问:去车展,去看什么?

1 看点一:新车与车模

作为车展中当之无愧的主角,新车永远是焦点中的焦点,大众已很习惯地将车展作为新车亮相、上市的集散点。车展展出的许多新款汽车,一般很快就会上市。前去观看新车,可以大大满足大众的好奇心。如果有意在近期买车,可提前观赏,并在现场对不同品牌多款新车进行实地对比,以便购买最适合自己的新车。

爱美之心人皆有之。为了吸引大众的眼球,几乎所有的新车都要配上靓丽抢眼的车模

图4-21　靓丽抢眼的车模

(图4-21),一些豪华品牌汽车更是要靠顶级车模来锦上添花。

2 看点二:新车与新技术

制造商为了更好地赢得消费者的信任,通常在推出新车的同时,还向世人展示他们先进的技术优势。

前去看车的人有不少是专业观众,他们注重的是汽车的设计、造型以及技术指标。车展中,经常看到有人去拍一些新车很细节的部分,甚至有人会钻到汽车下边去拍照,目的就是获取更多新技术的信息。

在车展上,我们常常可以通过新车(图4-22)、概念车、零部件(图4-23)、模型等展品来了解最新的汽车技术。通过这些最新车型以及尖端技术,我们可以及时地了解世界汽车业的发展趋势和动向。从最近几大国际车展的情况来看,绿色环保的新能源汽车已经成为世界汽车发展的新潮流。

图4-22　引领时代潮流的新能源汽车

图4-23　新能源汽车电池管理系统(BMS)

3 看点之三:厂商与市场

在流光溢彩的车展背后,是各个厂商为了争夺汽车市场而进行的一场看不见硝烟的战斗。厂商是车展的主角,而市场却是一只无形的手,决定着厂商的命运。

看车展,只要仔细留意一下参展的厂商和现场的气氛,你就可以感知汽车市场的脉搏了。

4 看点四:娱乐与商业

在这个多元化的社会当中,娱乐与商业紧密地联系在了一起。为了吸引观众,每个厂商都把自己的展台(图4-24)布置得耳目一新,并在展台上开展各类娱乐活动。乐器演奏(图4-25)、舞蹈表演、歌唱表演、模特表演、有奖问答……各种形式的活动不但吸引了观众的眼球,也彰显了各大汽车厂商的企业文化和品牌价值,达到了极好的宣传效果。

车展文化是一种轻松而让人享受的文化,厂商在娱乐中宣传了自己的品牌,观众在娱乐中观摩了各式各样的汽车。娱乐与商业的完美结合,是车展的一大看点。

图 4-24　东风日产启辰的个性展台

图 4-25　车展中的乐器表演

第二节　汽车市场

一　汽车广告

汽车广告(图 4-26)作为汽车营销的手段,是打开汽车市场之门的助推器。为了抢夺汽车市场,各大汽车公司越来越重视在广告方面的投入。精彩纷呈的汽车广告,不但承载着汽车市场的竞争,同时它的趣味性、创新性也处处体现了汽车文化的魅力所在。

1　汽车广告的形式

汽车广告的形式有很多种,包括户外广告(图 4-27)、电视广告、网络广告、杂志、报纸等。不同形式的汽车广告有着不同的特点,因此汽车公司通常会采用多种广告方式去宣传同一款车型。

图 4-26　模仿泰坦尼克的场景,凸显菲亚特汽车的大天窗

图 4-27　极具创意的汽车广告

动感十足的电视广告可以表现车辆与众不同的车型和动力性能;报纸、杂志则能够详细介绍车辆的各种参数和相关配置;户外广告可以突出整车作为高档商品所独有的非凡气势;网络广告是一种速度快、效果好的高科技广告运作方式,与其他形式相比具有得天独厚的优势,是实施现代营销媒体战略重要的一部分,因此越来越受到汽车厂家的青睐。

2　汽车广告语

一条好的汽车广告宣传语,不但能深入人心,同时,也对打开市场、扩大销量有着极其巨大的作用。许多汽车品牌常常为一条好的广告语而绞尽脑汁。

现在多数汽车广告虽只有几个字,但却表达了汽车最核心的东西。这些广告语都代表着不同的市场定位和诉求,因此,也更容易打动消费者。

“车到山前必有路,有路必有丰田车。”——这则广告语被大家记住的同时,也让丰田车(图4-28)开到了中国的大街小巷。

“有朋远方来,喜乘三菱牌。”—— 这是三菱汽车在20世纪80年代开始使用的广告词,曾经在相当一段时间它被印刷到了机票的背面。

“拥有桑塔纳,走遍天下都不怕。”——上汽大众桑塔纳以这条通俗的广告让人心里踏实,因为其背后有上汽大众遍布全国各地的维修服务网络作为支撑。

“走富康路,坐富康车。” ——这是瞄准家庭轿车市场的富康汽车的广告词。

以速度与激情著称的宝马汽车(图4-29)以龙马精神为主题的广告打动中国的消费者,得到中国客户的广泛认同。

图4-28 走遍世界的丰田汽车

图4-29 宝马汽车广告

“坐红旗车,走中国路。”——红旗汽车(图4-30)的广告语告诉我们,这是我们中国人自己的车,是民族的骄傲。

“她可爱吗?(IS IT LOVE?)”——如此可爱的迷你(MINI)汽车(图4-31),难道你不心动吗?

图4-30 中国的红旗汽车

图4-31 可爱的MINI COOPER汽车

显然,一句与消费者价值观产生共鸣的广告语,将会增强消费者的好感,使其所代表的品牌为消费者所熟知,进而达到品牌和形象的传承。因此一个广告语被消费者接受,惠及的是汽车,乃至整个品牌。

3 汽车广告的亮点

1 亮点一：汽车文化

通过广告语宣传汽车文化最典型的当属美国车系了。汽车在美国已经有上百年的历史，现在美国人可以把汽车驶入“汽车饭店”享受美食，把汽车停放到“汽车电影院”观赏电影(图 4-32)，旅游时还有汽车能栖息的“汽车旅馆”……汽车已经渗透到美国人生活的方方面面，包括文化。难怪有人说：当今世界上，几乎没有一个国家没有汽车，但是没有一个国家形成了像美国那样的汽车文化。而汽车广告与美国的汽车文化几乎是同步而行，它已经将汽车文化深深地根植于美国人心中。它告诉美国人：汽车远不只是一个交通工具，汽车能够赋予他们一切。

图 4-32 汽车电影院

2 亮点二：汽车品牌

汽车市场的竞争，不但体现在销售和售后市场上，而且也存在于汽车广告宣传市场上，汽车广告的共同点是它们共同承载起对汽车品牌形象的传承。

代表尊贵的劳斯莱斯(图 4-33)、代表稳重富裕的奔驰(图 4-34)、代表财富与活力的宝马、代表粗犷可靠的福特(图 4-35)等，这些有内涵的品牌都是经过上百年几代人的努力才形成的。这些品牌文化一旦形成，就极容易被大众认同，新产品也更容易被接受。这些根深蒂固的品牌文化让它们的产品真正与众不同，这想必是汽车巨头们百年不衰的法宝之一，因为只有文化才能源远流长。

图 4-33 尊贵的劳斯莱斯

图 4-34 稳重大气的奔驰

3 亮点三：领先科技

现代汽车高科技的发展越来越迅速，研究的时间大大缩短，一些概念性的新科技设备，经过一年的研发时间,便可以用在量产车型上。汽车科技的进步给我们的出行带来了方便,给我们的汽车生活增添了很多新的元素,它是吸引消费者购车的一大要素。因此,在汽车的广告宣传上,很多汽车企业开始将重心放在“科技”(图4-36、图4-37)这个诉求点上,以求得消费者的青睐。

a)　　b)

图4-35　福特野马

a)福特野马标志;b)野马GT汽车

图4-36　奥迪——突破科技,启迪未来

图4-37　马自达6的卖点——魅·力·科技

4 亮点四:生活方式

近几年,在国内,汽车渐渐走进了普通家庭。对于大多数消费者来说,即使收入并不是很高,但他们也乐于尝试各种不同的生活方式,愿意追逐最新的时尚潮流。无论是国产车,还是进口车,在中国的广告都开始推广某种生活方式、反映某种生活形态。最典型的是赛欧,其广告语为“自立新生活”“优质新生活”“Easy生活、轻松赛欧”,反映了参加工作不久便买了赛欧轿车车主的心态。菲亚特西耶那、周末风等车型的广告语同样也给了消费者这种暗示。奔驰以“从心,认识奔驰”为口号,用中国元素打动中国消费者(图4-38),提升了客户的认同感。现代人们越来越倡导低碳生活,因此也有很多汽车以环保节能作为卖点,丰田普锐斯(图4-39)就是一个成功的例子。

图 4-38　“从心，认识奔驰”——中国元素创意

图 4-39　普锐斯——大自然的笑脸

二 新车市场

围绕着汽车工业的是一个巨大的产业链，汽车产业已经成为很多国家的支柱产业，各大汽车公司在争夺新车市场中总是不遗余力。随着世界经济局势的变化，新车市场的格局也发生着相应的变化。

1 世界新车市场

放眼世界的新车市场，由于传统发达国家的汽车保有量较高，市场趋向饱和，新车销售量的增长势头渐渐放慢。相反，新兴市场（如印度、巴西、俄罗斯以及其他一些国家的市场）需求则很旺盛，销售量快速增长，呈现良好的发展态势。

2018 年，全球汽车行业的生产和销售经历了大幅下滑，全球汽车行业占 GDP 增速放缓的 20%，占全球贸易增速放缓的 30% 左右。受全球贸易摩擦的影响，2019 年是全球汽车行业动荡的一年，由于各汽车厂商对汽车关税政策不明朗的担忧，跨国车企对外设厂和销售均保持谨慎的态度，汽车产业快速发展势头明显回落，新车市场出现了不同程度的下滑，2019 年全世界汽车产销量为 9032 万辆，下滑 0.3%。

汽车供应和需求的逆风可能会持续一段时间，因为发达地区的汽车市场趋向饱和，而发展中市场的销量难以提高。在人口稠密地区，拼车服务和汽车共享正在逐渐取代私家车。随着收入的增加，发展中国家市场的汽车购买量往往会上升，但上升的速度并没有“我们想象的那么快”，“对汽车等耐用品的巨大需求还没有出现”。

2 中国新车市场

中国的汽车工业起步较晚，根基薄弱。但随着中国经济的发展，人民生活水平的快速提高，中国新车市场呈现出了如火如荼的繁荣景象。

在全球经济恢复举步艰难的情况下，2009 年我国汽车工业取得了全球瞩目的成绩。2009 年中国共生产汽车 1379.10 万辆，销售 1364.48 万辆，同比增长 48.30% 和46.15%。2009 年汽车产销的大幅增长，使得中国首次正式超越美国，成为全球第一大新车市场。

2019 年中国汽车产销分别完成 2572.1 万辆和 2576.9 万辆，产销量继续蝉联全球第一。

新能源汽车产销分别完成124.2万辆和120.6万辆,其中纯电动汽车生产完成102万辆,插电式混合动力汽车产完成22.0万辆,燃料电池汽车生产完成2833辆。

近年来,我国宏观经济持续快速增长,居民生活水平稳步提高。由于我国人口众多,人均汽车保有量低,巨大的购买潜力继续变成拉动我国汽车工业快速增长的动力,汽车工业成为国民经济的重要支柱产业,中国成为世界上举足轻重的新车市场。

中国新车市场近年来的发展呈现以下特征:汽车行业经济效益稳步提高;自主品牌的产销能力增强;二、三线城市成为汽车增长的主要市场;中等收入群体成为主要的消费群体;消费车型多样化。这些特征表明,中国新车市场将逐步走向成熟。

三 汽车后市场

汽车后市场是指汽车销售以后,围绕汽车使用过程中的各种服务,它涵盖了消费者买车后所需要的一切服务。也就是说,汽车后市场是汽车从售出到报废的过程中,围绕汽车售后使用环节中各种后续需要和服务而产生的一系列交易活动的总称。它包括汽保行业、汽车金融行业、汽车IT行业、汽车养护行业、汽车维修及配件行业、汽车文化及汽车运动行业、二手车及汽车租赁行业。

1 汽车后市场的发展和地位

20世纪30年代初,汽车美容和养护业在英、美等发达国家开始起步,汽车后市场的雏形开始形成。第二次世界大战以后,经济的复苏使汽车工业飞速发展。同时,也使汽车美容和维护行业日益壮大,汽车已经不再采用“大拆大卸”的维修方式,而是采用“维护为主,视情维修”的方式,推行免拆维护,汽车后市场逐渐成形并走向成熟。

随着汽车市场的成熟,汽车市场的利润正转移到汽车后市场,汽车后市场成为汽车产业链中一个新的亮点。在整个汽车产业链的获利过程中,汽车服务市场其实是最为稳定的利润来源,在美国被誉为“黄金产业”,可占总利润的60%~70%。在中国,也有越来越多大中型城市的4S店,已经进入“新车销售不挣钱,售后才挣钱”的局面,说明中国汽车市场的经济结构重点已由前市场转向了后市场。

很明显,汽车后市场的发展是汽车市场持续成功的重要推动力,汽车后市场的服务企业开始成为汽车市场未来增长的关键点。越来越多的投资者将目光聚焦于汽车后市场,中国的汽车后市场对于投资者来说就像是一个亟待开发的金矿。

2 我国汽车后市场

汽车美容和养护业在我国兴起于20世纪90年代,随着轿车拥有量特别是私家车拥有量的增加,汽车美容和养护业开始被有车族所熟知,“七分养,三分修”,以养代修的爱车新理念逐步被广大有车一族所接受。与英、美等发达国家相比,我国的汽车后市场总体水平相对落后,还只是停留在汽车后市场的初级阶段。

2002年后,伴随着我国汽车工业的发展、相关政策的调整与完善以及汽车保有量的迅速增加,中国的汽车后市场发展迅猛,市场前景十分看好。但是,随着国内汽车后市场的成熟,国外汽车后市场的行业巨头纷纷进入中国。美国胜牌、日本黄帽子及日本澳德巴斯等国际大品牌都已相继举旗进入。当这些行业的先行者开始在中国迅速扩张并获得大笔盈利时,其他大品牌也会在最短的时间内蜂拥而至,到那时我国汽车后市场的竞争将更为激烈。总而言之,中国的汽车后市场行业是一个充满机遇、充满挑战的高利润及高竞争性的行业。

在中国,汽车后市场目前主要有以下五大渠道:一是近年发展起来的汽车4S店(图4-40);二是传统大中型维修厂;三是汽车维修路边店;四是汽车专项服务店;五是品牌快修美容装饰连锁店。这五大渠道在面积大小、设备投资、人员素质、地点便利性、服务质量、服务时间和收费标准等方面各有千秋,短期可以共存。但随着市场的发展变化,经过逐步完善的汽车4S店和国际知名的品牌快修美容装饰连锁店将成为两大主要渠道(图4-41)。

图4-40 汽车4S店

图4-41 一站式服务店

随着汽车消费观念的转变,人们对汽车服务的认识已经发展到"个性化、人性化"的阶段,现代汽车消费者更加注重一站式服务过程的体验(图4-41),包括汽车维护、汽车装饰、汽车音响、汽车安全、汽车电子、汽车改装、汽车金融、汽车救援、二手车服务等的汽车服务市场将向着一体化、品牌化、国际化的方向发展。

四 二手车市场

狭义的二手车市场是指机动车商品二次流动的场所;而广义的二手车市场是指与二手车买卖联系在一起的一群厂商或者个人。二手车市场是否活跃,可以直接反映出一个国家汽车市场的成熟程度。

1 国外二手车市场

在国外,一些汽车大国的汽车市场已经非常成熟了。在汽车保有量及人均保有量都很高的发达国家,二手车市场已经成为汽车市场举足轻重的组成部分。

在欧、美、日等汽车市场中,大多数的新驾驶人或第一次买车的消费者,第一辆车都会选二手车(图4-42)。据统计,目前美国、德国、瑞士、日本的二手车销量分别是新车销量的3.5倍、2倍、2倍、1.4倍。

在发达国家汽车市场中,新车利润占整个汽车行业利润的20%,零部件利润约占20%,售后服务领域的利润约占60%,这其中包括二手车置换、维护修理等服务业务。美国二手车市场(图4-43)的发展尤为突出,二手车利润可占汽车行业总利润的45%,非常丰厚。通常,一辆新车的利润率不会超过5%,而一辆二手车的利润率则普遍超过20%。这与二手车经营主体的多元化、交易方式的多样化、交易手续的简便以及发达国家汽车保有量较大等因素有关系。

图4-42　日本二手车市场

图4-43　分布广泛的二手车店(美国)

发达国家的二手车市场经过数十年的发展后已变得非常成熟和规范。首先是二手车市场的信息较为透明,从车辆自身状况到各种交易信息都非常容易获得,大大降低了二手车市场的交易成本。此外,二手车一般配有规范化的售后服务标准。通过技术质量认证,商家对出售的二手车质量予以保证,消费者可以享受到与新车相同的售后服务。因此二手车的经营在国外已经形成了品牌专卖、大型超市、连锁经营、旧车专营、旧车拍卖等多元化经营体制,其交易方式非常多样化。

2 国内二手车市场

我国二手车市场从20世纪90年代初起步,1998年出台的《旧机动车交易管理办法》,将二手车交易定义为特殊商品流通进行管理;商务部等部委于2005年、2006年先后发布了《二手车流通管理办法》和《二手车交易规范》,放宽了对二手车交易市场的限制,规范了二手车经营行为,二手车经营主体实现多元化,建立了二手车买卖双方自愿评估制度;2009年更是出台了《汽车产业调整和振兴规划》,要求建立"二手车鉴定评估国家标准和临时产权登记制度"。

2019年我国二手车全年累计交易量为1492.28万辆,累计同比增长7.96%,交易金额达到9356.86亿元,累计同比增长8.76%。其中,2019年12月全国31个省(自治区、直辖市)的1068家二手车交易市场共交易二手车168.64万辆,环比增长21.88%,交易金额为1039.27亿元,创单月交易量历史新高。美国市场二手车交易量与新车销量之比长期维持在2.3:1以上,中国尚不足0.5:1;美国二手车交易量与汽车保有量之比稳定在14%以上,而中国仅为5.8%,与成熟市场相比,我国二手车市场仍有非常大的增长空间。

目前,我国二手车交易主要集中在经济发达、汽车保有量大的大中型城市,且流向趋势明显。北京(图4-44)、上海两地的二手车交易市场是我国启动最早、交易量最大的市场,其交易量占全国交易量的20%左右。我国二手车流向呈现四大趋势:一是从城市流向乡镇;二是从东部流向西部；三是从经济发达地区流向经济相对落后地区；四是从高收入者流向中低收入者。

a)

b)

图 4-44 规模庞大的北京旧机动车交易市场

对于先知先觉的汽车企业来说，二手车市场是他们开拓中国汽车市场非常重要的大事。在过去几年里，上海通用、东风日产、一汽—丰田、一汽—大众等公司都在积极开展二手车的业务，取得了很好的效果：一方面通过二手车置换业务，有力地促进了新车的销售；另一方面，通过二手车的销售，提高了经销商的利润。

第三节 赛车运动

一 赛车运动起源

赛车运动是指赛车手按照比赛规则驾驶汽车在规定道路上展现汽车性能和驾驶技术的一种体育竞赛。它是赛车手和赛车交融的体育竞技，极具挑战性和观赏性，是人类挑战自我、挑战极限的精神和汽车科技发展的集中体现。

赛车运动是对速度的追求。回顾汽车发展历史，每次赛车运动都推动着汽车技术的发展，赛车运动中汽车速度记录的每一次改写，都成为汽车技术发展的里程碑。

1894 年，法国组织了一场汽车比赛，比赛线路从巴黎经里昂返回巴黎，全程 126km，共有 102 位车手申请参赛，但只有 21 位获准参赛，最终 15 位车手完成比赛。获得第一名的是一辆蒸汽机汽车，时速为 24km/h。赛后，产生了大批技术爱好者，他们积极参与赛车运动的同时，也带动着汽车产业的高速发展。

世界上最早进行的长距离汽车公路车赛事于 1895 年 6 月由法国汽车俱乐部和《小报》杂志社联合举办，线路为巴黎到波尔多的往返，全程 1178km。

美国第一次举办赛车比赛是在 1895 年 11 月 2 日，地点是在伊利诺伊州的芝加哥，赛道全长 54.36km。弗兰克・杜尔耶以 10h23min 的成绩赢得了最终的冠军，击败了另外三辆汽油动力车以及两辆电动汽车。

在之后的车赛中，为避免汽车在野外比赛(图 4-45)时扬起漫天尘土而影响后面车手的视线，甚至造成伤亡事件，比赛逐渐改在封闭的道路赛场和跑道上进行，这就是汽车场地赛的雏形。最早的汽车场地赛于1896年在美国的普罗维登斯举行。

为了吸引更多的人参加汽车比赛(图4-46),使比赛更富刺激和挑战性,法国勒芒市在1906年举行了第一次真正意义上的场地汽车大奖赛(Grand Prix,又译为"格兰披治")。从此,汽车大奖赛成为世界体育舞台上一项非常重要的赛事,小城勒芒也因此闻名于世。

图4-45 早期的野外汽车比赛

图4-46 20世纪初人们开车去看汽车比赛

如今,各种形式的汽车比赛已成为世界范围内一项影响较大的体育运动。多姿多彩的赛车运动,使这一冷冰冰的钢铁机器充满了柔情;同时,赛车运动激烈、惊险、浪漫、刺激,不仅使成千上万的观众为之痴迷,还使世界汽车技术发展日新月异。

1904年6月10日,在赛车运动兴盛的法国成立了国际汽车联合会(Federation Internationale de L'Automobile),简称"国际汽联"或"FIA"(图4-47)。由它负责管理全世界汽车俱乐部和各种汽车协会的活动,总部原设在法国巴黎,2009年移至瑞士苏黎世。

中国汽车运动联合会(图4-48)的前身为中国摩托运动协会,1975年成立于北京,1983年加入国际汽车联合会。1993年5月汽车运动项目从中国摩托运动协会分离,正式成立"中国汽车运动联合会"。其主要任务是负责全国汽车运动的业务管理,组办国内外汽车比赛和体育探险活动,指导群众性活动,培训运动员、教练员和裁判员,参加国际交往和技术交流。中国汽车运动联合会是中国境内管辖汽车运动唯一的全国性组织。

图4-47 国际汽车联合会会标

图4-48 中国汽车运动联合会会标

二 汽车运动分类

赛车运动分为两大类——场地赛车和非场地赛车。

顾名思义，场地赛车就是指赛车在规定的封闭场地中进行比赛。它又可分为方程式赛、轿车赛、运动汽车赛、GT耐力赛、短道拉力赛、场地越野赛、直线竞速赛等。

非场地赛车的比赛场地基本上是不封闭的，主要分拉力赛、越野赛、登山赛、沙滩赛、泥地赛等。

三 场地赛

1 方程式赛车

方程式(Formula)原意是惯例、常规、准则，方程式赛车就是驾驶以共同的方程式(规则限制)所造出来的赛车进行比赛，是汽车场地比赛的一种。赛车必须依照国际汽车联合会制定颁发的车辆技术规则规定的方程式制造，包括车体结构、长度和宽度、最低质量、发动机工作容积、汽缸数量、油箱容量、电子设备、轮胎的距离和大小等。

方程式赛车运动包含了F1、F3(图4-49)、GP2、F3000、美国冠军方程式、福特方程式、雷诺方程式(图4-50)、康巴斯方程式等。它们都属于方程式赛车的一种，只是各自的规范不同，F1是FIA所制订的方程式赛车规范中等级最高的，也是最精彩、最刺激的比赛。

图4-49 澳门格兰披治三级方程式(F3)大赛

图4-50 雷诺方程式大赛

F1(图4-51)，“FIA Formula 1 Championship”的缩写，中文称为“一级方程式锦标赛”。它是方程式赛车中级别最高的比赛，也是目前世界上费用最贵、技术最高的比赛。首届一级方程式汽车大赛于1950年5月在英国银石赛场(图4-52)举行。随着F1不断发展和完善，已经成为一项在世界范围极具影响力的比赛，并与“奥运会”“世界杯足球赛”并称为世界三大体育运动。

图4-51 F1比赛

F1大赛(图4-53)的统筹工作，均由FIA安排。他们负责制定车赛的规则、拟定比赛时间表和选择赛车的场地等。F1比赛的每个赛季由16~17站比赛组成，通常约在3月开跑，10月底结束赛季，其赛场遍布世界各国。

图 4-52　银石赛场

图 4-53　F1 比赛现场

1 F1 比赛规则简介

(1)赛程。

每个 F1 大赛的赛程分为三天,包括星期五的练习赛、星期六上午的练习赛及下午举行的排位赛、星期日上午 9:30～10:00 的暖身赛、星期日下午 2:00 的决赛。

FIA 规则规定,每场比赛分为计时排位赛和决赛两个过程。

排位赛:排位赛用来决定正式大奖赛出发的排位顺序。在正式比赛的前一天,在指定的一个小时内,每个车队的车手要在赛道上竞速,以单圈最快成绩来排顺序,决定次日的出发排位顺序。

决赛:决赛当天,车手先进行 23 圈的自由练习,用以检查汽车各部件的工作情况,决赛前半个小时各赛车进入排定的起跑位置。赛前五分钟,开始倒计时,当剩下最后一分钟时,发动机开始启动,绿旗一挥,赛车便起步,进行最后一圈热身,中途不准超车,也不准更换赛车。当一圈跑完后仍按原顺序排好,几秒钟后,绿灯一亮,惊心动魄的决赛就正式开始了。

(2)F1 赛车的彩旗。

在精彩绝伦的 F1 比赛中,红、黄、白、黑、蓝各色旗帜(图 4-54)飘舞在赛场上,担当信息传递的工具。车手和裁判之间的信息通过不同颜色的旗帜来表达和传递。五颜六色的旗帜表达的具体含义如下:

黄旗:代表前方车道上有障碍物,提醒车手要小心驾驶。如果赛道被彻底堵塞,那么会摇动两面黄旗。出现黄旗的时候,不允许超车,否则车手将会受到严厉的处罚。

红黄条纹旗:代表赛道前方路面有油,或者路面较滑。

白旗:当出现白旗的时候,表示前方有慢速行驶的车辆。车手应该小心驾驶,甚至应该适当减速。

红旗:表示比赛或者试车因故提前结束。

绿旗:表示前方存在的障碍已经得到清除,车手可以重新加速,以比赛速度前进,而且还可以超车。

蓝旗:表示后方有速度更快的车辆正在接近,并且准备超车。那么车手就应该往一侧靠拢,为后来居上的赛车让路。

黑旗:表示被警告的车手在赛道上的行为不规范,必须在当圈完成之后马上回到维修站,被警告的车手可能受到加时处罚,严重者取消比赛资格。

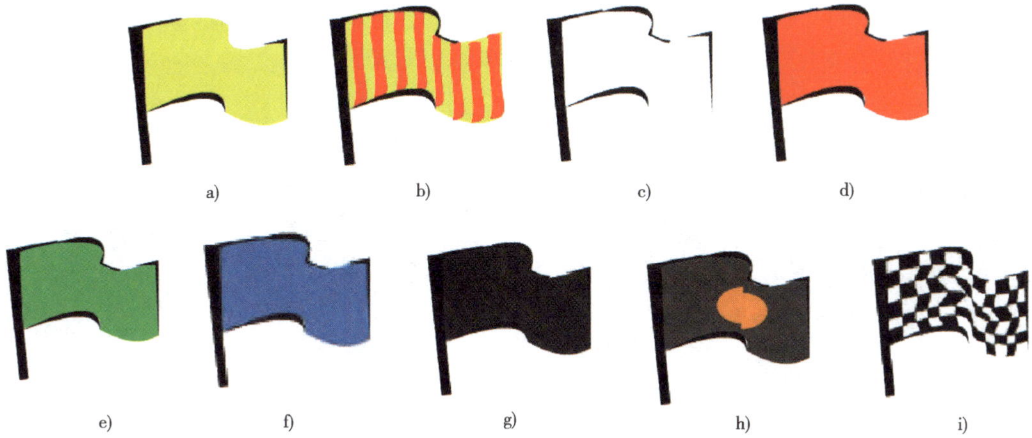

图 4-54　F1 比赛花色旗帜

a)黄旗;b)红黄条纹旗;c)白旗;d)红旗;e)绿旗;f)蓝旗;g)黑旗;h)橘点黑底旗;i)花色方格旗

橘点黑底旗:该旗常伴随一个号码旗,警告该车手赛车有机械故障,车手必须在当圈完成后立刻进入维修站。

花色方格旗:当出现花色方格旗的时候,表示比赛结束。

(3)F1 成绩计算。

F1 的年度锦标有两种:车手锦标和车队锦标。而大奖赛采用积分制,分为车手积分和车队积分,是评定年度车手与车队排名的依据。

每站比赛前八名的车手和所属的车队按排名依次可得到 10 分、8 分、6 分、5 分、4 分、3 分、2 分、1 分的积分。车队与车手的年度积分都是每站比赛积分的总和。

大奖赛结束时,积分成绩最高的车手是年度冠军车手,而积分成绩最高的车队就是年度冠军车队,或叫制造商冠军。

2 F1 赛车

F1 的赛车(图 4-55)主要出自德国保时捷公司和宝马公司、意大利法拉利公司、美国福特公司和日本丰田公司等。目前,由车队制作车架、车壳,由车厂制作发动机已经成为赛车制造的主流模式,只有法拉利一家是既生产发动机,又生产车架、车壳的公司。

F1 赛车的发动机是车赛取胜的关键因素。F1 赛车走过了几十年的历程,变化最大的就是发动机技术。从 2006 赛季开始,FIA 规定 F1 赛车使用排量为 2.4L 的自然吸气 V8 发动机,并限制进排气门的尺寸,发动机采用高标号的汽油作为燃料,机油和水均靠行驶时产生的气流进行冷却。

F1 的车身设计需要考虑减少空气阻力、增加与地面的附着力及符合大赛的规则等因素。F1 赛车的底盘采用碳化纤维制造,质量很小却很坚固。与普通的汽车相比,F1 赛车有许多独特的地方,为了减小空气阻力,它的车身细而长,车身高度很低。为了获得较大的地面附着力,还会在赛车尾部安装后翼板。

轮胎(图 4-56)也是赛车关键技术之一。为了使发动机动力能可靠地传递到路面,轮胎制作得相当宽大,用以增加与地面的接触面积。FIA 对轮胎数量和类型也有限制。大奖赛期间,车手不允许使用超过四套干轮胎、四套湿轮胎以及三套极端天气备用轮胎。如果大奖赛期间需要更换车手,那么车手必须使用分配给原车手的轮胎。由于赛车在极端环境下工作,为了中途换胎方便,赛车车轮只有一个紧固螺栓。

图4-55 F1 的赛车

a)

b)

图4-56 F1 赛车的轮胎
a)干胎;b)湿胎

3 F1 的赛道

FIA 规定,F1 专用赛道均为环形,每场比赛距离为 300 ~ 320km,每圈为 3 ~ 8km,赛场不允许有过长的直道,目的在于限制高速,以免发生危险。

随着汽车运动的风靡,越来越多的国家申请主办 F1 大赛。F1 大赛每年都要选择地理条件迥然不同的赛场。有的赛场选在高原上,那里空气稀薄,用以考验车手的身体素质;有的则是街道串成的赛道,那里路面相对狭窄曲折,车手弄不好就会撞车;还有的赛车场建在树木葱郁的森林中,那里跑道起伏大,车手很难控制赛车。由于赛车经常出现意外,FIA 要求所有主办国的赛车场必须有足够的草地缓冲区。各赛场的救护人员也必须分布在全场的每一个角落,争取在出事的一刹那,跑进现场,进行抢救。

2004 年 9 月 26 日,F1 方程式汽车大赛在我国上海首次登陆。上海赛道(图 4-57、图 4-58)设计者是赛车界著名的赛道建筑设计师赫曼 · 蒂尔克先生。上海 "上"字形赛道总长约 5.541km,宽度介于 13 ~ 20m 之间;赛道拥有 9 个不同长度的直道,最长的直道赛段为 1175m,14 个不同转弯半径的弯道,赛车最高时速可达到 327km/h。上海国际赛车场具有国际化、功能全、规模大、技术新的特点。

4 F1 的车队

目前 F1 车队可以分为两类:厂商车队(如法拉利、雷诺)以及非厂商车队(如红牛一、二队)。

F1 车队由三个部分组成。一是赛车,厂商车队的赛车均由著名汽车制造厂家研制,一般每个车队有 1 ~ 2 辆参赛车辆;非厂商车队则主要依赖赞助。二是拥有 FIA 颁发的"超级驾驶员驾驶执照"的车手。三是维修人员,一流的维修人员(图 4-59)负责赛车的维护修理。

历史上著名的车队有法拉利车队(图 4-60)、威廉姆斯车队、迈凯轮车队、雷诺车队等。

图 4-57　现代化的上海赛道

图 4-58　“上”字形的上海赛道

图 4-59　紧张的维修场面

图 4-60　法拉利车队

5 F1 的车手

通常一场比赛中必须换挡 2500 次，平均 2s 要换挡一次，车手的注意力必须高度集中，过弯道时车手必须承受自身重量几倍的负荷，身体主要靠安全带固定，但头部必须靠极强壮的颈部肌肉才能支撑。因此 F1 车手必须是很强壮的运动员(图 4-61)。

所有驾驶 F1 赛车的选手，都必须持有 FIA 签发的“超级驾驶执照”(FIA Super Licence)。每年全世界有资格驾驶 F1 赛车的车手不能超过 100 名。“超级驾驶执照”只发给在 F3000、F3 或 CART 等系列赛事表现杰出的车手。因此要参加 F1 比赛，车手必须“过五关，斩六将”。

精彩的 F1 车赛吸引了很多勇敢又才华横溢的车手。半个世纪的历程，涌现出众多的著名的车手，其中以巴西车手埃尔顿·塞纳(Ayrton Senna)(图 4-62)和德国车手迈克尔·舒马赫(Michael Schumacher)(图 4-63)尤为出色。

(1)埃尔顿·塞纳。

埃尔顿·塞纳(图 4-62)1960 年 3 月 21 日出生于巴西圣保罗。在其职业生涯中，他参加了 161 场大奖赛、获得了 41 次冠军、65 次排位赛杆位、3 次一级方程式大奖赛年度总冠军。

a) b)

图4-61 F1赛车手

a)汉密尔顿;b)阿隆索

图4-62 埃尔顿·塞纳

图4-63 车王迈克尔·舒马赫

埃尔顿·塞纳4岁开始开卡丁车,13岁开始参加卡丁车赛,1981年开始参加英国FF1600赛事,很快转为FF2000和F3赛车手,赢得了所有这些项目的胜利以后,1984年他加入托尔曼的F1车队。在摩纳哥站的第二名成绩显示了他的才华。随后,塞纳在莲花车队效力三年,并在1988年加入麦克拉伦车队。

在麦克拉伦车队中取得三次世界冠军之后,塞纳于1994年转投威廉姆斯车队,希望能开创一个属于自己的时代。但是,赛车事故终结了一切。1994年5月1日14:18,F1圣马力诺大奖赛伊莫拉赛道(图4-64)第七圈弯道,他驾驶的2号车突然间脱离了既定轨道,以约300km/h的速度撞击在混凝土护墙上。塞纳是他这一时代中速度最快的天才车手,他的死让全世界车迷为之惋惜。

(2)迈克尔·舒马赫。

迈克尔·舒马赫,世界上最伟大的赛车手之一,是一位名字可以与F1赛车画等号的赛车手,被称为“F1之王”。

迈克尔·舒马赫1969年1月3日出生于德国,1991年8月25日第一次参加F1比赛,1994年第一次夺得世界冠军,并于次年卫冕成功。1996年,他加盟法拉利车队(图4-65),并于2000年为法拉利车队夺得车队与车手双料冠军,成为三届F1冠军车手,也是法拉利车队21年来首个冠军车手。2006年9月10日,舒马赫决定告别16年的F1生涯,宣布退役。迄今为止，其职业生涯共获得 68 个杆位、91 个分站冠军以及 7 届 F1 世界冠军，他是当今世界 F1 车坛当之无愧的第一人。

图 4-64　伊莫拉车祸现场

图 4-65　代表法拉利出战的舒马赫

2009 年 12 月 23 日，舒马赫宣布复出，加盟梅赛德斯车队。

2 非方程式场地赛

1 勒芒 24h 汽车耐力锦标赛

勒芒（图 4-66）位于法国巴黎西南约 200km 处，是一个人口约 20 万的商业城市。这个小城市能够闻名于世界，主要是因为自 1923 年开始（1936 年、1940～1948 年除外），每年 6 月举行的被称为最辛苦、最乏味的单项赛事——“勒芒 24h 耐力锦标赛”。

a)

b)

图 4-66　美丽的勒芒市

一般耐力赛赛道总长度只有 500～1000km，而勒芒的总长约为 5000km。勒芒环形跑道全长 13.5km，其中绝大部分是封闭式的公用高速公路。在跑道上有一段约 6km 的直路，赛车在这段路上飞速驶过，速度可达到 390km/h。车手们在 24h 的比赛中，会有 6h 是在这段路上行驶，紧张得令人感到窒息，哪怕是稍有疏忽，后果都不堪设想。

不管勒芒的赛道多么艰险，也不管历史上发生过多少悲剧，每届勒芒大赛都在 6 月如期举行。一些汽车厂家不惜耗资数百万美元想在这项大赛中取胜，谁也不肯轻易放过利用这项大赛来提高公司声誉的机会。由于这项比赛给车手们的积分数相当于其他世界锦标赛的三倍，因此不断地吸引着越来越多的优秀赛车手来参加。

勒芒耐力锦标赛是全球各种耐力赛中时间最长的比赛，不论车手、维修人员还是观众，在下半夜的时候都会疲惫不堪。大多数观众（图 4-67）是带着宿营车或帐篷前来观战的，每次比赛时赛场旁的30个大型停车场都停满了10万部汽车。赛场周围还有设施齐备的餐饮、娱乐和休闲场所,以及销售仿制的各大车队服装、帽子的铺位,让车迷们在这里如同过节一样。观众可以在餐厅里一边吃着可口的食物,一边观看窗外飞驰而过的赛车,这也是堪称赛车界里独一无二的情景。

图4-67 观看勒芒24h耐力赛的观众们

纵观勒芒大赛历史,前58届的冠军均被欧美车手垄断。1991年的第59届比赛中,杀出了一匹黑马——装有转子发动机的马自达。这届比赛结束后,国际汽车运动联合会作出决定:从1992年开始,除排量3.5L以下的活塞发动机赛车以外,安装其他发动机的赛车不准参加勒芒24h耐力锦标赛。至此,在这项大赛中努力奋斗过十几年的马自达转子发动机,以其辉煌的成绩为自己画了个漂亮的句号。

自2000年之后的比赛中,奥迪几乎包揽了所有金牌,以至于奥迪R8、R10(图4-68)已经成为全球最为成功的勒芒24h耐力赛赛车的代名词。

2007年,标致(图4-69)重返勒芒赛场。经过两年的磨合,2009年,标致车队凭借明显的车速优势领跑全程,以382圈总计5206km的成绩夺得第77届勒芒24h耐力锦标赛的冠军,终结了奥迪长期统治勒芒赛场的局面。

图4-68 奥迪R10TDI

图4-69 标致汽车在勒芒

在世界范围内,同样性质的比赛还有日本铃木(Suzuki)8h耐久赛、斯帕24h耐力赛等。

2 世界房车锦标赛

世界房车锦标赛(WTCC,图4-70)是在享誉欧洲的欧洲房车锦标赛(ETCC)基础上发展起来的全新赛事,2005年国际汽车联盟正式将其定名为世界房车锦标赛。它是国际汽车联盟(FIA)旗下与F1和世界拉力锦标赛齐名的国际赛车顶级赛事。

作为涵盖方程式和拉力赛的汽车赛事,F1旨在专为比赛制造赛车,世界房车锦标赛则更关注挑战极限大自然。世界房车锦标赛是以在售的量产房车作为基础的比赛,在赛道上飞驰而过的炫酷赛车,都是我们日常驾驶的熟悉车型,比赛也因此变得更加的亲民、写实,更加贴近生活和车迷。

a)

b)

图 4-70　世界房车锦标赛

为了体现出比赛的公平竞争性，世界房车锦标赛赛事组委会对赛车规定了严格的条例。WTCC 的参赛车型必须以至少 4 座的量产型房车为基础，采用 4 缸发动机，排量不能超过 2L，而且必须采用自然吸气方式，最高转速不得超过 8500rad/min，最大功率也被限定在 183 ~ 198kW（250 ~ 270 马力）之间。可采用 5 速或 6 速直齿手动变速器，轮辋尺寸不得超过 9 × 17 英寸，且每个车轮（不包括轮胎）的质量被限定在 9kg 之内。另外，制动盘的直径也不得超过 296.5mm。

作为第一项真正意义的全球房车系列赛事，世界房车锦标赛虽然很年轻，但是其浓厚的房车赛文化、缜密的赛事组织、激扬的车迷人气和成熟的商业运作模式都已经达到了赛车运动的巅峰。WTCC 赛事一经推出，便吸引了宝马、阿尔法·罗密欧、雪佛兰、菲亚特、本田等主要制造厂商的参加，同时也将赛车场地赛提升到一个新的高度。在赛车赛事日益普及、赛车文化发展迅速的今天，世界房车锦标赛在赛车界掀起了新的关注热点。

四 非场地赛

1 汽车拉力赛

汽车拉力赛（图 4-71）是在一个国家内举行或者跨越国境举行的多日的、分段的长途汽车比赛。“拉力”来自英语 rally，意思为集合。汽车拉力赛即把参赛的汽车集合在一起进行比赛，然后再集合、再比赛，反复进行，最后根据车手和车队各站比赛的总积分，排定年度冠军车手与冠军车队。

图 4-71　沙漠汽车拉力赛

比赛的路面既有平坦的柏油公路，也有荒山野岭的崎岖山路。比赛时，路线上不断绝其他车辆通行，限定参赛汽车每天行驶的路程及到达时间。路线上设检查站检查赛车是否在规定时间内通过。这是一种既检验车辆性能和质量，又考验驾驶人技术的比赛。

参赛汽车须是批量生产的小轿车或经过

改装的车。短的拉力赛需要几天,长者可持续几十天。拉力赛将出发地到终止地之间的路程分成若干个行驶路段和赛段,并在沿途设有给养站和休息站。在行驶路段行驶时,参赛汽车受到一定的时速限制,并须按规定时间抵达各路段的终点,既不能提前也不能拖后。行驶中要遵守当地的交通规则,违反者将被扣分。在赛段中,赛车可以全速行驶,有时车速高达200km/h 以上。在整个拉力赛结束时,跑完全程累积时间最少和被扣分数最少的汽车和驾驶人为优胜者。

拉力赛始于1911 年,在摩洛哥首都蒙迪卡罗举行的长途汽车比赛上,组织者首次把“Rally”作为长途汽车比赛的名称,并沿用至今。路程最长的是1977 年举行的从英国伦敦到澳大利亚悉尼的拉力赛,全程超过31100km,共用时46 天。目前世界著名的汽车拉力赛有欧洲的蒙特卡洛拉力赛(图4-72)和东非萨法里拉力赛(图4-73)等。

图4-72　蒙特卡洛拉力赛

图4-73　东非萨法里拉力赛

国际汽车拉力赛每年设有世界拉力锦标赛、欧洲拉力锦标赛、亚洲拉力锦标赛、非洲拉力锦标赛、中东拉力锦标赛等众多大型国际赛事。中国也有自己的拉力赛事——全国汽车拉力锦标赛CRC(图4-74)。

图4-74　全国汽车拉力锦标赛CRC

2 汽车越野赛

汽车越野赛是汽车道路比赛项目之一,是在一个国家的公路和自然道路上举行的允许对该国进行考察的汽车比赛。经过几个国家的领土、总长度超过10000km 或跨洲的比赛称马拉松越野赛。除国际汽车联合会特别批准外,越野赛的赛程不得超过15 天,比赛必须在白天进行。采用单车发车方式。比赛每经过10 个阶段后至少休息18h。

每阶段的行驶距离自定,但每个赛段的最大长度,越野赛规定不超过350km,马拉松越野赛规定不超过800km。越野赛必须使用在国际汽联注册的全轮驱动汽车参赛。

1996 年国际汽车联合会首次对越野赛实行世界杯赛制，其中较著名的比赛有巴黎至达喀尔越野赛（图 4-75、图 4-76）、突尼斯国际汽车赛、巴黎至莫斯科至北京马拉松越野赛、阿拉伯联合酋长国沙漠挑战赛等。

图 4-75　2011 年达喀尔越野赛中的长城哈弗 SUV

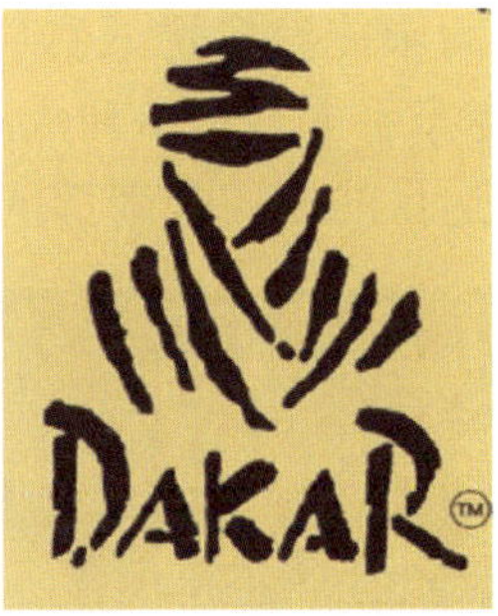

图 4-76　达喀尔越野赛标志

五 其他赛车运动简介

1 卡丁车运动

卡丁车是诸多赛车种类中的微型赛车，外形小巧，结构简单，是赛车运动中级别最低的起步运动，是 F1 方程式比赛的“摇篮”，在欧洲也称“迷你方程式”。

卡丁车运动于 1940 年在东欧开始出现并逐渐推广，20 世纪 50 年代末才在欧美普及并迅猛发展，当时这种运动称为“高卡（ GO KART ）”。20 世纪 50 年代末，人们已不再满足于仅仅用卡丁车进行休闲娱乐，而是想把以竞速比赛为主要形式的卡丁车竞技活动也广泛开展起来。1962 年，由国际汽车联合会当任主席巴莱斯特创议成立了国际汽车联合会卡丁车委员会（CIK-FIA），负责在世界范围内普及、促进卡丁车运动，监督实施统一的规则和技术标准。

经过近 16 年的演变，卡丁车委员会于 1978 年经改组成立了国际汽车联合会新的卡丁车委员会。从那时起，卡丁车运动有了很大的改变，形成了现代卡丁车运动（图 4-77、图4-78）。卡丁车运动进入了一个新的发展时期，其中最具代表性的赛事是“全欧洲卡丁车锦标赛”和“日本世界杯锦标赛”。从此，卡丁车赛事成为培养现代汽车运动，尤其是方程式赛车车手的摇篮。

图 4-77　2009 年全国卡丁车大赛深圳分站赛

图 4-78　2008 年车王舒马赫参加国际卡丁车挑战赛

2 太阳能汽车赛

太阳能汽车大赛是近年来兴起的一种新型汽车运动,旨在推动太阳能汽车的研制。参加太阳能比赛的车队范围很广,包括汽车制造厂、电力公司、电气制造商、大学及俱乐部等。

澳大利亚太阳能汽车挑战赛(图4-79、图4-80)是世界上规模最大、距离最长的太阳能汽车大赛,参赛车手需驾车从澳大利亚最北部的达尔文市出发,沿斯图尔特高速公路行驶超过3000km,抵达目的地——南部的阿德莱德市,中间只能使用太阳能动力。

图4-79 参赛的密歇根大学的选手和车

图4-80 比赛情景

该项挑战赛自1987年开始举办,其灵感来自丹麦冒险家、环保倡导者汉斯斯·索斯特洛普,他在1982年设计并建造了世界上第一辆太阳能汽车,并将其命名为"安静的到达者"。首届赛事共有23支队伍参加,获胜者是由通用汽车公司赞助的一辆太阳能汽车,它的平均时速达到了67km/h。

自那以后,赛事的发展就相当顺利了。索斯特洛普在1996年将这一赛事的主办权出售给了南澳大利亚政府,后者在1999年将这项三年一度的赛事改成了两年一度。到2005年时,参赛的太阳能汽车平均时速已达103km/h,冠军赛车的最高时速更是达到147km/h;同时,大赛也扩充为几个不同级别,以适应不同的赛车:挑战历险级为专门的太阳能汽车,绿舰技术级为其他类型的环保低耗赛车。途中,赛车不仅要途经地球上最壮观也最荒凉的地带——澳洲大陆(内部气温可高达50℃),而且还向世界发出强烈的环保信号,推动绿色科技发展,尤其是宣传将太阳能作为替代能源。除此之外,用一位参赛者的话来说,这次赛事实际上也是一次"非常有趣的经历"。

3 老爷车大赛

老爷车(图4-81)也叫古典车,一般指20年前或更老的汽车。老爷车是怀旧的产物,是人们过去曾经使用的,现在仍可以工作的汽车。

老爷车赛事在国外比较流行,也是很重要的一项活动。国外自发组织的老爷车赛事有很多,影响力最大的是在意大利举办的"Mille Miglia 老爷车大赛"(图4-82)。此项赛事创办于1977年,每年举办一届。比赛中,选手们在环游意大利北部重镇布雷西亚之后,穿越德森萨诺等九座城镇,并途经圣马力诺共和国,抵达"永恒之城"——罗马。之后,选手们将面临更为艰巨的考验——在一天之内完成从罗马到布雷西亚长达800km的赛程。

图4-81　个性十足的老爷车

除了“Mille Miglia老爷车大赛”外，具有国际影响力的老爷车赛事还有“北京—巴黎老爷车拉力赛”“路易威登老爷车中国之旅”(图4-83)“环游地球80天老爷车全球行拉力赛”“老爷车环球拉力赛”和“伦敦—布莱顿老爷车比赛”等。

图4-82　Mille Miglia老爷车大赛

图4-83　路易威登老爷车中国之旅

实训模块

1. 选取近四年来的某一个知名车展，搜集相关资料，设计一个ppt，然后用多媒体向同学展示以及介绍该车展的情况。

2. 参考本书或者网络、电视上的汽车广告，给某个新车型(比如新一代卡罗拉)重新设计一个汽车广告，要求：

(1)设计一个新颖的汽车广告语；

(2)选择合适的广告形式；

(3)突出该车的特点；

(4)可采用文字叙述、绘画、ppt、手抄报等方式呈现。

3. 请同学们以“汽车运动之美”为主题，自拟题目，设计一份手抄报。要求：排版合理，主题突出，力求设计上有新意。

思考与练习

一、填空题

1.“国际五大车展”是指________、________、________、________、________。

2.中国最早的专业国际汽车展览会是____________；世界上最早的国际车展是____________。

3.有“世界汽车工业奥运会”之称的车展是____________；被誉为“亚洲汽车风向标”的车展是____________。

4.汽车广告的形式有很多种，包括_______、_______、_______、_______、_______等。

5.汽车服务市场在美国被誉为____________。

6.中国汽车服务市场将向着_______、_______、_______的方向发展。

7.从中长期角度来看，汽车新车销量的增长主要集中在_______和_______国家。

二、判断题

1.法兰克福车展每年举办一次。 (　　)

2.日内瓦车展是世界五大车展中最热闹的，被誉为“国际汽车潮流风向标”。 (　　)

3.东京车展是世界五大车展中历史最短的。 (　　)

4.现在的汽车多采用“维护为主、视情维修”的方式。 (　　)

5.我国二手车的销量比新车销量高。 (　　)

6.勒芒24h耐力锦标赛是方程式比赛。 (　　)

三、选择题

1.汽车展览起源于(　　)。

A.美国　　B.英国　　C.法国　　D.中国

2.中国第一个被国际展览联盟(UFI)认可的汽车展览是(　　)。

A.上海国际车展　　B.广州国际车展　　C.北京国际车展　　D.长春国际车展

3.1904年6月10日，在赛车运动兴盛的(　　)成立了国际汽车联合会。

A.美国　　B.英国　　C.法国　　D.中国

4.首次一级方程式车赛在(　　)举行。

A.银石赛道　　B.上海赛道　　C.蒙扎赛道　　D.圣马力诺伊莫拉赛道

四、问答题

1.中国几大车展各自的优势是什么?

2.衡量一个车展水平的依据是什么?

3.中国新车市场近年来呈现什么特征?

4.汽车后市场的概念是什么?它包括什么行业?

5.为什么发达国家的二手车市场如此繁荣?

6.我国二手车流向呈现什么趋势?

7.汽车运动的类型有哪些?何为方程式赛车?

第五章 汽车安全与环保

知识目标

1. 了解汽车的安全技术与安全评价体系；
2. 了解汽车与环保的关系。

能力目标

1. 能够叙述汽车安全技术；
2. 能够叙述如何减少使用汽车对环境造成的不良影响。

素养目标

1. 了解汽车排放控制技术，提高环保意识，关爱生命；
2. 养成遵守交通规则安全驾驶的习惯，提高法治思想；
3. 了解我国的双碳目标，注重生态文明。

建议学时

4学时。

第一节 汽车安全

随着社会的发展，交通安全问题越来越凸显，汽车安全技术越来越受到汽车生产企业的重视，传统的汽车安全理念也在逐渐发生变化。汽车安全技术分为被动安全、主动安全两种。

一 被动安全技术

1 安全带

安全带是20世纪50年代开始作为选装件装备在汽车的，直到现在，它仍然是最基本的乘员保护装置。它的作用在于能够在正面碰撞、后面碰撞、有角度碰撞以及翻车事故发生时防止驾乘人员从座位上甩出,降低驾乘人员受伤的风险。

目前,在安全带的设计过程中引入了许多先进技术,从而使工程师能够根据车辆的构型对安全带系统进行设计,如预紧式安全带、膨胀式安全带(图5-1)等。

2 安全气囊

安全带是最基本的驾乘人员保护装置,而安全气囊(图5-2)则是可提高对驾乘人员的保护效果的安全带辅助安全装置,它可大大降低中等乃至严重正面碰撞时驾乘人员受伤的风险。

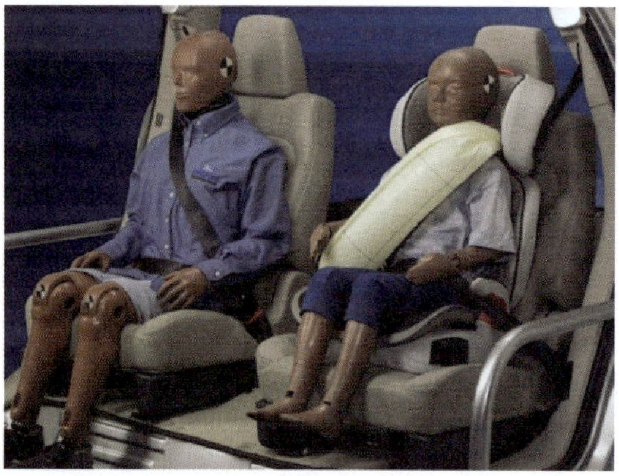

图5-1　福特膨胀式安全带对照普通安全带

图5-2　安全气囊

安全气囊的结构主要由传感器、气体发生器、气囊系统三大部分组成。传感器检测汽车发生碰撞时的车速、冲击参数;气体发生器根据传感器指令释放高压气体,或引爆固体燃料,瞬时产生高压氮气或氩气并迅速向气囊充气,使气囊膨胀,从而达到保护驾乘人员的目的。

3 安全车身

为了减少汽车碰撞时驾乘人员的伤亡,安全车身(图5-3)采用了溃缩区和乘员保护区相配合的基本思路,在设计车身时着重加固乘客舱部分,削弱汽车头部和尾部。位于车前后的是可溃缩车体,当汽车碰撞时,头部或尾部被压扁变形,同时吸收碰撞能量,而客舱不产生变形以保证驾乘人员安全,有利于其逃逸或被救,同时还能缓和二次撞击。

4 儿童安全

儿童安全是汽车安全设计所要考虑的重要方面。根据儿童的身体比例,设计儿童专用的安全带和儿童安全座椅(图5-4),使他们可以持久、直接地被绑缚在车辆座椅结构上,使儿童的安全得到应有的保障。事故统计数字表明,当儿童坐在位于后排座的儿童安全座椅上时,他们能够得到最好的保护。

图 5-3　丰田 GOA 安全车身

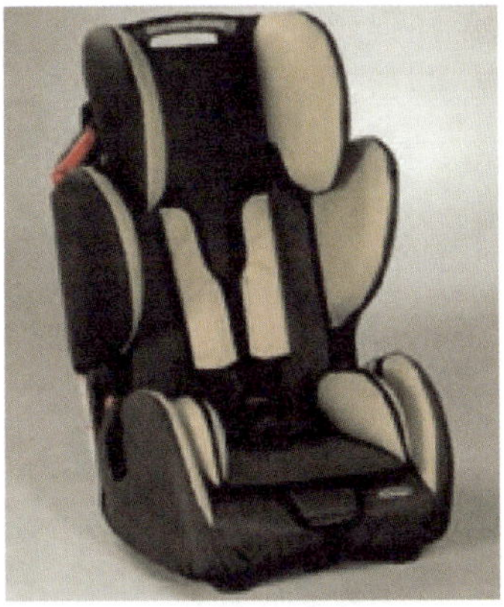

图 5-4　儿童安全座椅

5 驾乘人员头颈保护系统

驾乘人员头颈保护系统(图 5-5),简称 WHIPS(Whiplash Protection System),一般设置于前排座椅。当轿车受到后部的撞击时,头颈保护系统会迅速充气膨胀起来,其整个靠背都会随驾乘人员一起后倾,使整个背部和靠背安稳地贴近在一起,靠背则会后倾以最大限度地降低头部向前甩的力量,座椅的椅背和头枕会向后水平移动,使身体的上部和头部得到轻柔、均衡地支撑与保护,以减轻脊椎以及颈部所承受的冲击力,并防止头部向后甩所带来的伤害。

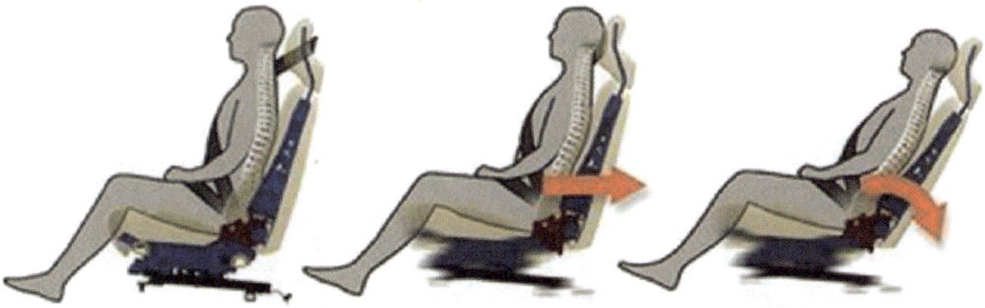

图 5-5　驾乘人员头颈保护系统

6 行人保护

汽车安全不仅要保护车内驾乘人员,同时也要保护行人安全,因此车辆防撞技术也开始将行人保护列为重点发展目标。

行人保护的被动安全技术主要有两个方面:

(1)设计出发动机舱盖机械系统(图 5-6),使得在汽车碰撞时发动机舱盖机械系统迅速鼓起,人体可以避免与之发生硬碰硬的撞击,而是碰撞在柔顺与圆滑的表面上,减少了被撞人受伤的可能或程度。同时采用高密度泡沫材料和新设计结构的前保险杠,减小对行人膝、腿的冲击力,使其免受严重的伤害。

(2)增加行人安全气囊(图 5-7)。行人安全气囊可以进一步避免人体撞击汽车前风窗玻璃,以免在强烈碰撞下行人和车内驾乘人员受到更大伤害。福特的行人安全车采用两种安全气囊:一是发动机舱盖气囊,可以保证儿童头部和成人腿部的安全;二是前围安全气囊,提供两次碰撞保护,防止行人被甩到发动机舱盖上后头部被前窗底部碰伤。

图5-6　捷豹的爆发式行人撞击引擎盖抬升系统

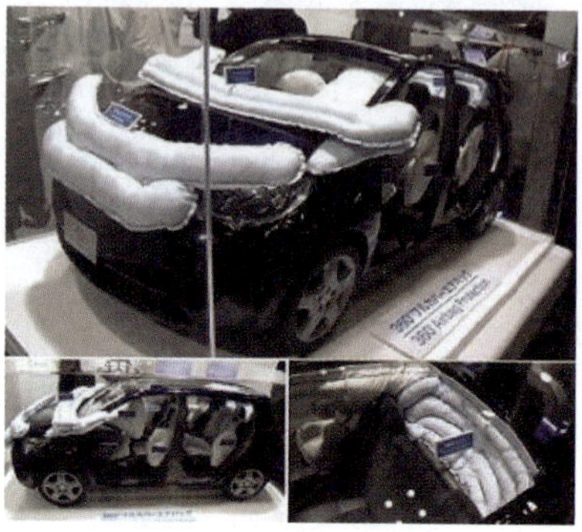

图5-7　行人安全气囊

二 主动安全技术

1 防抱死制动系统(ABS)与牵引力控制系统(TCS)

在遇到紧急制动时,经常需要让汽车快速停下来,但是巨大的制动力容易使车轮发生抱死的状况——前轮抱死会引起汽车失去转弯能力,后轮抱死则容易发生甩尾事故等。安装ABS(图5-8)就是为解决制动时车轮抱死的问题,从而提高制动时汽车的稳定性及较差路面条件下的汽车制动性能。

图5-8　车身上的ABS标志

ABS通过传感器侦测各车轮的转速,由计算机计算出当时的车轮滑移率,判断车轮是否将要抱死,再命令执行机构调整制动压力,使车轮处于理想的制动状态(快抱死但未完全抱死)。对ABS功能的正确认识:能在紧急制动状况下,保持车辆不被抱死而失控,维持转向能力,避开障碍物(图5-9)。在一般状况下,ABS并不能缩短制动距离。

TCS又称循迹控制系统。汽车在起步或急加速时,驱动轮也有可能打滑,在冰雪等光滑路面上还会使方向失控而造成危险。TCS依靠电子传感器探测车轮驱动情况,不断调节动力的输出，从而使车轮不再打滑，提高加速性与爬坡能力。

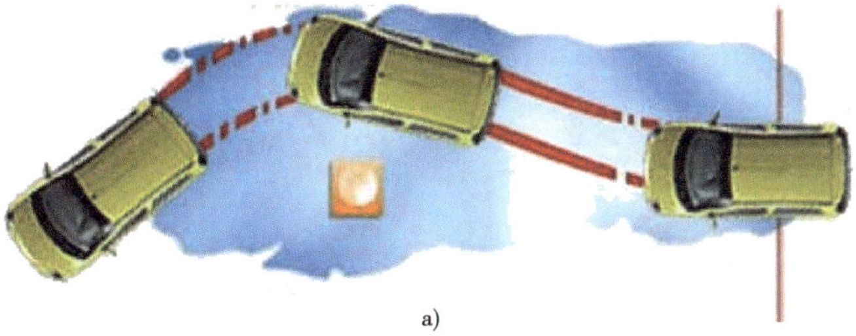

a)

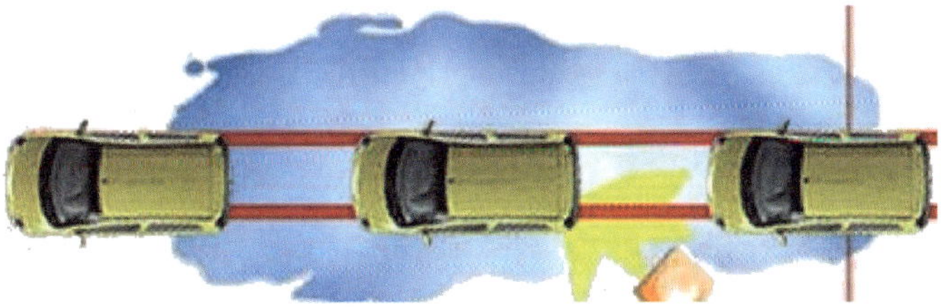

b)

图 5-9　安装 ABS 前后避障的区别

a）有 ABS；b）无 ABS

2 电子制动力分配系统（EBD）

EBD 必须配合 ABS 使用（图 5-10），在汽车制动的瞬间，分别对四个轮胎附着的不同地面进行感应、计算，得出摩擦力数值，根据各轮摩擦力数值的不同分配相应的制动力，避免因各轮制动力不同而导致的打滑、倾斜和侧翻等危险。

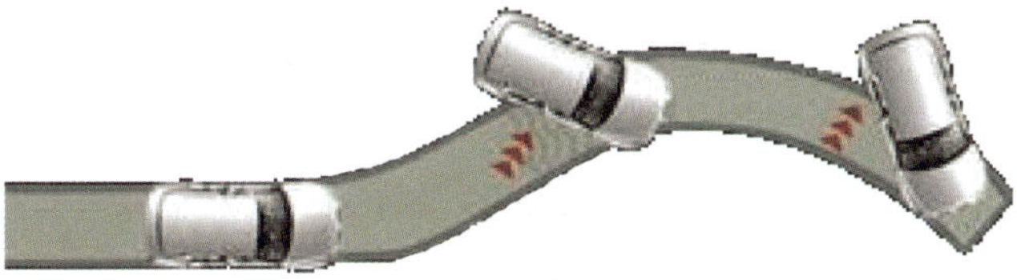

a)

b)

图 5-10　ABS + EBD 的制动效果

a）无 ABS + EBD；b）有 ABS + EBD

3 电子稳定装置（ESP）

ESP 是一种牵引力控制系统，不但控制驱动轮，还可以控制从动轮。如后轮驱动汽车常出现转向过度的情况，此时后轮会失控而甩尾，ESP 便会通过对外侧前轮的适度制动来稳定

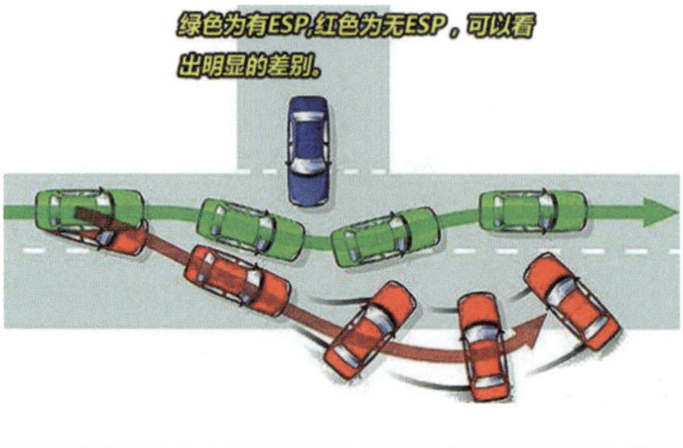

图5-11　安装ESP前后的差别

车辆(图5-11)。转向不足时,为了校正循迹方向,ESP则会对内侧后轮制动,从而校正行驶方向。

4 紧急制动辅助系统(EBA)

电脑根据制动踏板上侦测到的制动动作,来判断驾驶人对此次制动的意图,如属于紧急制动,则指示制动系统产生更高的油压使ABS发挥作用,从而使制动力更快速地产生,缩短制动距离。

5 车道偏离预警系统(LDWS)

LDWS提供智能的车道偏离预警,在无意识(驾驶人未打转向灯)偏离原车道时,能在偏离车道0.5s之前发出警报,为驾驶人提供更多的反应时间,大大减少了因车道偏离引发的碰撞事故(图5-12)。此外,使用LDWS还能纠正驾驶人不打转向灯的习惯。该系统的主要功能是辅助过度疲劳或长时间单调驾驶引发的注意力不集中等情况。

a)　　b)

图5-12　车道偏离预警系统

6 胎压监控系统

美国国家公路交通安全管理局已经作出要求,截至2003年,质量小于或达到4536kg的所有美国乘用车辆都必须配备胎压监控系统(图5-13)。宝马公司已经把该系统用在全系轿车中。驾驶人可以通过车内提示警告系统来判断轮胎胎压情况是否正常,既避免了因轮胎亏气出现的行车跑偏,又是在高速行驶时对驾乘人员安全的一种保障。

7 倒车警告/倒车影像/车外摄像头

倒车警告用于驾驶期间以及驻车时,针对视野盲区中的轿车或物体,向驾驶人发出警告。通常,该系统会在行车时已经进行响应;它可能会使后视镜内的一个警告标示进行闪烁,同时会发出声音警告(图5-14)。该系统是一个短程检测系统。

倒车影像和后视摄像机是一体的,它不仅保护车体,还能避免在倒车时意外伤及儿童和动物。倒车时的保护措施已经从向下倾斜后视镜或发出声音警告发展到实时查看。新一代技术包括一个摄像机,它可以与导航系统协同工作,对汽车后方的一切进行广角拍摄,然后反映在车内屏幕上,从而帮助驾驶人倒车或挂接拖车。

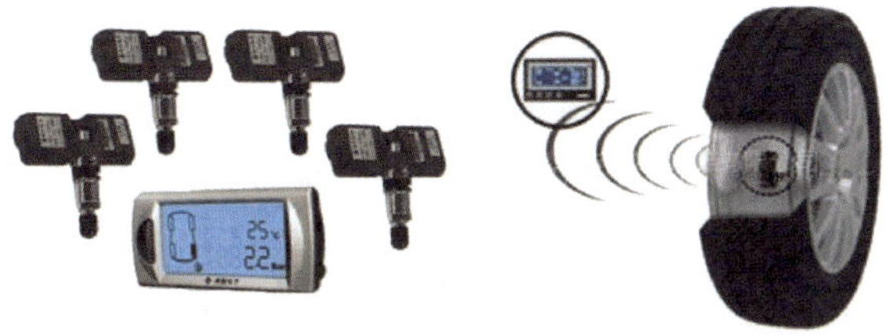

a)　　b)

图 5-13　胎压监控系统

图 5-14　倒车警告系统

8 自动感应前照灯

自动感应前照灯系统可对车辆周边环境光线进行自动识别判断。雨雾天气光线不够,前照灯会自动亮起,给驾驶人提供更安全的行车环境。后期厂家又开发出自适应前照灯系统,该系统可使前照灯实现智能转向(图 5-15)。也可以采用车速感应式车灯(可以改变光束的长度或高度),或者对环境光进行补偿。

9 夜视辅助系统

夜视辅助系统(图 5-16)可以有不同的形式,如基本的红外线前照灯或热成像摄像机。但是无论采用何种科技,作用都一样:在夜间或者视线不明的情况下,帮助驾驶人看清更远处的路面,使驾驶人能够更快地辨别出道路上的动物、人或树木。图像在驾驶室中的显示屏上形成,使肉眼难于看清的障碍物体提前被驾驶人掌控。目前博世公司开发的夜视系统具有以上功能,但价格比较昂贵,即使是超豪华轿车目前也基本将其作为选配系统。相信在不久的将来,这一高级系统也会被中高级轿车所选用。

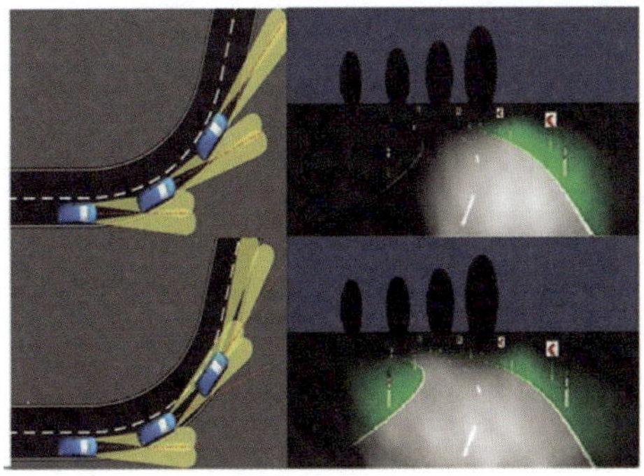

图 5-15　自适应前照灯系统

图 5-16　汽车夜视辅助系统

10 防碰撞预警系统(AWS)

AWS 是一个预防和缓和意外事故的驾驶辅助系统(图 5-17),该系统在危险发生前给驾驶人提供及时的声音和视觉报警。资料表明,驾驶人的人为因素导致的公路交通事故率最高。在这些人为因素中,疲劳驾驶和精神分散是重要原因之一。研究显示,若在公路交通事故发生前的1.5s给驾驶人发出预警,则可避免90%的这类事故。因此,通过在汽车上安装汽车防碰撞预警系统,利用技术手段分析车道、周围车辆的状况等驾驶环境信息,一旦当驾驶人发生疲劳及精神分散,导致汽车出现无意识的车道偏离以及车距过近,存在追尾可能时,能够及时给予驾驶人主动预警,是减少公路交通事故行之有效的技术措施。

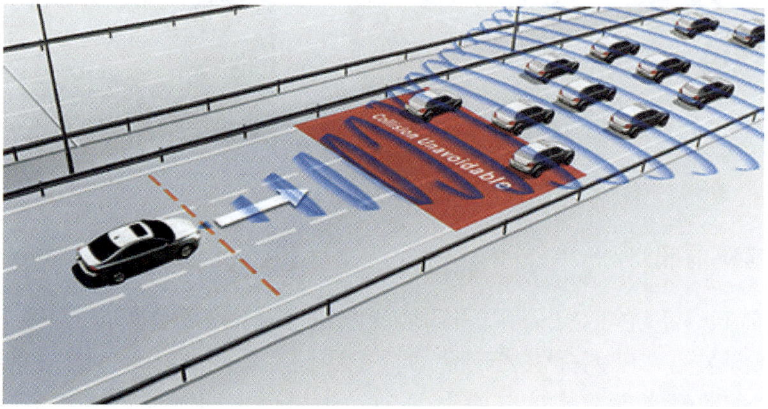

图5-17　防碰撞预警系统

11 主动防追尾系统

主动防追尾系统是在车辆的前端装上传感器、雷达、摄像机等设备,能够自动探测出与前车的距离,并与本车的制动、灯光等系统联动,当跟车距离低于安全距离时,系统会在零点几秒内启动,以强制拉大跟车距离。如东风标致206(图5-18)装备有主动防追尾安全系统,在紧急制动时,危险警示灯自动频闪,尽早提醒后面车辆,预防后车追尾。

图5-18　装备主动防追尾系统的东风标致206

随着近年电子科技的发展,各种汽车智能安全系统也开始发展起来,主要是通过由雷达和摄像机组成的"预知传感器",对行车危险进行判断并帮助驾驶人进行处理。这一系统能够在汽车与其他物体发生碰撞前的瞬间,自动进行干预以保证安全。

三 新车安全评价体系

1 新车安全评价体系

新车安全评价体系(NCAP)是一个行业性组织,它定期对企业送来的或者市场上新出现的车型进行碰撞试验,它规定的实车碰撞速度往往比政府制定安全法规的碰撞速度要高,从而在更加严格公正的碰撞环境下评价车辆的安全性能。尽管NCAP不是政府强制性实验,但由于它标准科学，试验严格公正，因而受到各汽车公司的高度重视。其中，欧洲的 NCAP 最具有影响力和代表性。它由欧洲各国汽车联合会、政府机关、消费者权益组织、汽车俱乐部等组织组成，由国际汽车联合会(FIA)牵头。欧洲 NCAP 不依附于任何汽车公司，所需经费由欧盟提供，每年都组织几次试验，不定期对已上市的新车和进口车进行碰撞试验。

碰撞试验具体内容大约包括两个方面，正面碰撞和侧面碰撞。正面碰撞速度为 64km/h，侧面碰撞速度为 50km/h。碰撞测试成绩由星级(★)来表示，共有五个星级，星级越高表示该车安全性能越好。

近年来，又增加了车辆对被撞行人的安全保护程度的测试，并将结果划分为 4 个等级：★★★★分数为 28 ~36 分，★★★分数为 19 ~27 分，★★分数为 10 ~18 分，★分数为 1 ~9 分。

欧盟 NCAP 组织建于 1997 年，现在已经成为欧洲汽车消费者购买安全汽车的参考标准。

根据欧洲的法律，任何新车型在出售之前都要经过某些特定的安全测试才能投放市场。虽然法律提供了新车安全标准的最低限度，但欧盟 NCAP 组织的目的在于鼓励汽车公司的汽车能够达到并超过这些最低限度的安全标准。欧盟 NCAP 的测试项目包括：

(1)正面 40% 重叠可变形壁障撞击测试(车速为 64km/h，图 5-19)。

(2)可变型壁障侧面撞击(图 5-20)。吊车被牵引以时速 50km/h 撞击驾驶室的一面，以模拟侧面撞击的效果。

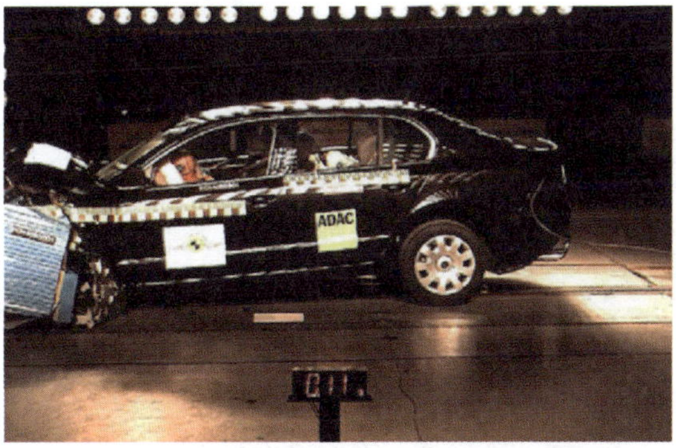

图 5-19　欧盟 NCAP 正面碰撞测试

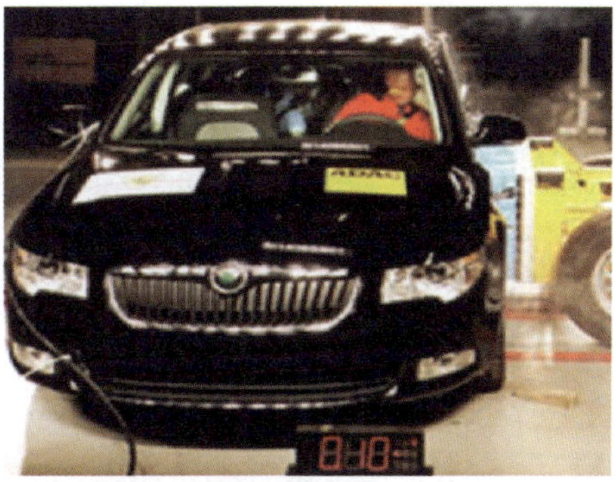

图 5-20　欧盟 NCAP 侧面碰撞测试

(3)行人安全测试(图 5-21)。这是一系列模仿涉及儿童以及成年人车祸的测试。车辆时速为 40km/h，评分有良好、差、极差三类。

(4)驾驶人头部保护安全测试(图 5-22)。该测试主要针对车祸中致命率较高的侧面撞击，乘坐者头部遭受侧面撞击车辆的损害所作出的安全防范测试。因 1/4 的致命伤害是由于侧面撞击造成的，为了鼓励汽车公司改进乘坐者头部的保护装置，该可选测试主要是针对车辆侧面气囊的安全考核。在测试中，车辆以 29km/h 的速度从侧面向一根坚硬的杆状物撞去，杆的直径为 254mm。

2 中国新车安全评价体系

中国技术研究中心在深入分析和研究国外 NCAP 的基础上，结合我国的汽车标准法规、道路交通实际情况和车型特征，进行广泛的国内外技术交流和实际测验，确定了中国新车安全体系(C-NCAP)的试验和评分规则。与我国现有汽车正面和侧面碰撞的强制性国家标准相比,C-NCAP 不仅增加了偏置正面碰撞试验,还在两种正面碰撞试验中在第二排座椅增加假人,设置了更为细致、严格的测试项目,技术要求也非常全面。C-NCAP 对试验假人及传感器的标定、测试设备、试验环境条件、试验车辆状态调整和试验过程控制的规定都比国家标准更为严谨和苛刻,与国际水平一致。今后,C-NCAP 还将随着技术的发展进行完善。

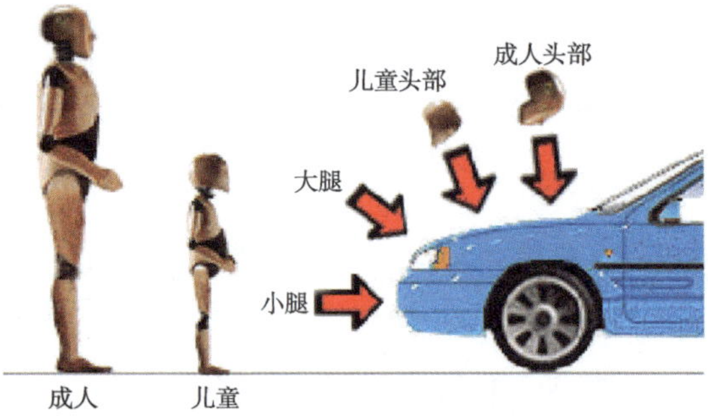

图 5-21　NCAP 行人保护测试

图 5-22　NCAP 驾驶人头部保护安全测试

C-NCAP 的评分项目包括三项测试:正面 100% 重叠刚性壁障碰撞试验(50km/h,图 5-23);正面 40% 重叠可变形壁障碰撞试验(56km/h,图 5-24);可变形壁障侧面碰撞试验(50km/h,图 5-25)。另外包括两个加分项:安全带提醒装置及侧面安全气囊和气帘。

图 5-23　刚性固定壁障 100% 重叠率的正面碰撞

C-NCAP 试验的总分是 51 分,其中,正面 100% 重叠刚性碰撞试验 16 分;正面 40% 重叠可变形壁障碰撞试验 16 分;可变形壁障侧面碰撞试验 16 分;安全带提醒装置 2 分;侧面安全气囊和气帘 1 分。根据试验数据计算各项试验得分和总分,由总分来评定星级。评分规则非常细致、严格,最高分为 51 分,星级最高为五星级,最低为一星级。

星级共六个等级:五星 +、五星、四星、三星、二星、一星。各等级对应分数如表 5-1 所示。

碰撞星级的评分　　表 5-1

星级	五星 +	五星	四星	三星	二星	一星
评分	50≤评分	45≤评分＜50	40≤评分＜45	30≤评分＜40	15≤评分＜30	评分＜15

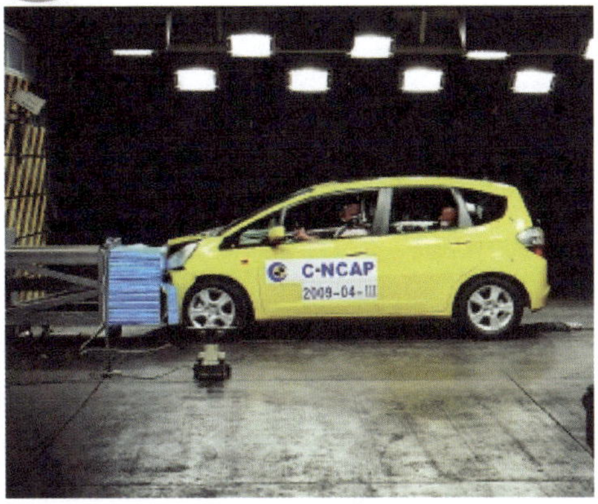

图 5-24　可变形壁障 40% 重叠率的正面偏置碰撞

图 5-25　可变形移动壁障侧面碰撞

第二节　汽车与环境

汽车是人类社会发展的一个重要产物，它给我们的现代社会生活提供了极大的便利，但与此同时也带来了一系列的环境问题。这是我们在今后的发展过程中必须解决的一个问题，它关乎汽车的发展和我们的未来。

一 汽车排放

汽车发动机的排气（图 5-26）是城市大气污染的主要原因，因此，控制发动机排放污染物是当前治理城市大气污染的主要研究方向之一。

a)　b)

图 5-26　汽车尾气污染

汽车发动机排放的物质种类主要是一氧化碳（CO）、碳氢化物（HC）、氮氧化合物（NO_x）和微粒（PM），这些气体是对人体有危害的。其中，一氧化碳（CO）会使人体血液输氧能力降低、神经中枢受损，严重时危及生命；碳氢化物（HC）会刺激人的鼻、眼和呼吸道黏膜，引发呼吸道疾病；氮氧化合物（NO_x）会刺激人眼黏膜，对神经中枢有抑制作用，使呼吸系统失调，引发疾病；微粒（PM）是气固态的物质颗粒，因表面吸附多种有毒、致病、致癌或致命物质而具有危害性。

同时，汽车排放的尾气扩散到空气中，对环境也会造成巨大的破坏，如温室效应、光化学烟雾、酸雨、臭氧层的破坏等。

1 温室效应

二氧化碳(CO_2)气体具有吸热和隔热的功能,当其浓度达到一定值时,会使太阳辐射到地球上的热量难以向外层空间发散,其结果是形成了温室效应(图5-27),使地球表面变热。

图5-27 温室效应

目前汽车广泛采用石油产品作燃料,会产生大量的CO_2气体。随着汽车保有量的大幅度增加,空气中排放的CO_2也在不断增加。如果大气中CO_2的浓度增加一倍,温室效应将造成地球气温上升1.5~4.5℃,飓风的能量将增加5%。地球温度的升高还将导致两极冰川(图5-28)的融化及海水的膨胀,海平面随之升高,许多地区将会被淹没;同时全球气候会更加反常,土地干旱,沙漠化(图5-29)面积增大,地球生态环境将遭到严重破坏。这都将威胁人类的生存环境。20世纪60年代末,由于温室效应的影响,非洲撒哈拉牧区曾发生持续6年的干旱,由于缺少粮食和牧草,牲畜被宰杀,饥饿致死者超过150万人。

图5-28 两极冰川融化

图5-29 沙漠化

温室效应和全球气候变暖已经引起了世界各国的普遍关注,改善汽车排放,减少CO_2的排放已经成为大势所趋。

2 光化学烟雾

大气中的碳氢化合物(HC)和氮氧化物(NO_x)等一次污染物,在阳光的作用下发生化学反应,生成臭氧(O_3)、醛、酮、酸、过氧乙酰硝酸酯(PAN)等二次污染物,参与光化学反应过程的一次污染物和二次污染物的混合物所形成的烟雾污染现象叫作光化学烟雾(图5-30)。

光化学烟雾对人体健康有较大危害,除刺激眼睛外,还会引发气喘病、鼻炎、肺炎、头痛、恶心等,严重者还会出现呼吸困难、视力衰退、头晕目眩、手足抽搐的现象。同时,光化学烟雾对动物的健康以及植物的生长产生损害，使生态受到破坏；其所含的化学物质会加速橡胶制品的老化和龟裂，腐蚀建筑物和衣物，影响材料的质量；它还会明显地降低大气的能见度，妨害汽车与飞机等交通工具的安全运行，导致交通事故增多。

20 世纪 40 年代之后，随着全球工业和汽车业的迅猛发展，光化学烟雾污染不断在世界各地出现，如洛杉矶、墨西哥城、东京、大阪、伦敦、巴黎（图 5-31）及中国的北京、南宁、兰州等。

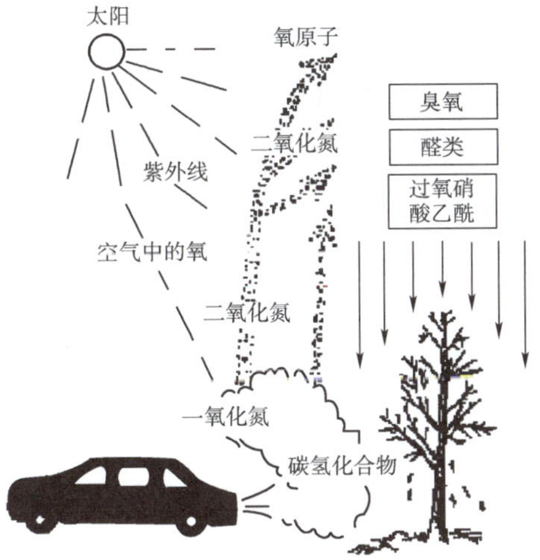

图 5-30　光化学烟雾的形成

图 5-31　巴黎光化学烟雾

1997 年夏季，拥有 80 万辆汽车的智利首都圣地亚哥也发生了光化学烟雾事件。由于光化学烟雾的作用，迫使政府对该市实行紧急措施：学校停课，工厂停工，影院歇业，孩子、孕妇和老人被劝告不要外出，使圣地亚哥处于“半瘫痪状态”。

光化学烟雾的频繁发生已造成了巨大危害，控制汽车排放已经成为减少光化学烟雾的途径之一。

3 酸雨

酸雨是指 pH 值小于 5.65 的酸性降水。酸雨主要是人为地向大气中排放大量酸性物质，雨水被大气中存在的酸性气体污染造成的。其中汽车排放的尾气是形成酸雨的重要原因。酸雨危害巨大，它会诱发各种呼吸道疾病、破坏生态环境（图 5-32）、腐蚀建筑材料（图 5-33），因此被人称为“空中死神”。

我国的酸雨主要是因大量燃烧含硫量高的煤而形成的。但近年来，我国各种汽车数量猛增，汽车尾气对酸雨的贡献正在逐年上升，因此汽车的节能减排对控制酸雨意义重大。

4 减少汽车排放污染的措施

1 政府部门加强管理，减少汽车排放

为了解决汽车带来的废气污染问题，各国相继对汽车排放的有害物质提出了严格的排放标准。自 1992 年欧盟出台“欧Ⅰ”排放标准以来，汽车排放的标准不断提高，现在欧盟提出了更为苛刻的“欧Ⅴ”标准（图 5-34）。我国参照联合国欧洲经济委员会（ECE）的排放标

准,制定出符合中国国情的排放标准。我国公布了实施国六排放标准的时间表(图5-35),第一阶段,自2020年7月1日起,所有销售和注册登记的轻型汽车都应符合国六标准,其中Ⅰ型试验(常温下冷起动后排气污染物排放试验)应符合6a阶段限值要求;第二阶段,自2023年7月1日起,所有销售和注册登记的轻型汽车都应符合国六标准,其中Ⅰ型试验应符合6b阶段限值要求。除了制定严格的排放标准,我国还利用税收政策鼓励提前达到国家标准的生产企业,对于不符合要求的车辆停止销售和注册,以引导汽车企业积极进行技术改进。

图5-32　被酸雨破坏的森林

a)　　b)

图5-33　被酸雨腐蚀的雕像
a)腐蚀前;b)腐蚀后

图5-34　全球首款“欧Ⅴ”车——大众辉腾

国六排放标准全国实施时间		
标准阶段	车辆类型	实施时间
6a阶段	燃气车辆	2019年7月1日
	城市车辆	2020年7月1日
	所有车辆	2021年7月1日
6b阶段	燃气车辆	2021年7月1日
	所有车辆	2023年7月1日

图5-35　国六标准实施时间表

此外,政府部门应严格执行国家质量技术标准,控制燃油的标准,淘汰劣质燃油;加强交通管理,解决拥堵问题,减少燃油的浪费和排放物的增加;改善交通设施,鼓励大力发展公交、地铁、城市轻轨等交通工具,以减少汽车使用量。

2 汽车制造企业加强汽车减排技术的研究

为了适应排放标准的变化以及汽车节能环保的趋势,汽车制造企业应加强减排技术的研究。

(1)提高燃油品质。研究开发新的代用燃油,提高燃油品质。对于汽油来说,主要是实现汽油无铅化(图5-36)和降低含硫量,目前我国无铅汽油的生产量已经占汽油总产量的90%。汽油发动机使用尾气净化装置的必要条件之一就是汽车必须使用无铅汽油。

开发代用燃料是目前解决汽车尾气污染的重要措施。开发的代用燃料主要有压缩天然气、氢气、液化石油气、甲醇、乙醇等，也称为清洁燃料。这些清洁燃料可以减少 30% ~ 90% 的有害排放量。

（2）改善现有发动机的减排技术。鉴于目前的技术状况，在相当长的时间内，石油都将是主要的汽车燃料，改善现有发动机减排技术是汽车实现环保的重要途径。如汽油机缸内直喷技术（FSI）可以改善混合气的形成，让气体充分燃烧，减少废气排放。还可以在排气管内装三元催化转换器（图 5-37）和吸附还原催化器，减少发动机排出的有害物。

图 5-36　无铅汽油

图 5-37　三元催化转换器

（3）研究开发新的动力装置。研究开发新的动力装置包括两个方面：一是发展电动汽车；二是发展混合动力汽车。从国内外车展来看，电动汽车、燃料电池汽车等新能源汽车已经成为世界汽车工业的潮流。

（4）汽车轻量化和减少空气阻力。使用比钢铁更轻的高强度材料（图 5-38），减少由于车身以及零件结构不合理所产生的材料浪费，采用空心结构等都可以实现车的轻量化。而采用流线型的车身（图 5-39）可以减少汽车行驶的空气阻力。实现汽车轻量化，减少空气阻力都可以降低燃料的燃烧，减少排放。

图 5-38　兰博基尼 Aventador 的碳纤维驾驶室

图 5-39　流线型车身

（5）汽车零部件采用可回收原材料。汽车报废过程中会形成固体垃圾，污染环境。在汽车设计制造过程中采用可回收材料，完善回收利用的技术工艺可以有效地解决这个问题。汽车上的钢铁、有色材料零部件 90% 以上可以回收利用，经过处理后这些零部件仍有很高的利用价值。目前，德国汽车的回收率已经接近 100%，美国、法国等国家的报废汽车利用率也已经达到了 95%。

3 汽车使用者应强化环保意识

(1)购买节能环保的汽车。现阶段,各大汽车公司都推出了节能环保的汽车。在购买新车的时候,在经济条件允许及满足自身需求的情况下,尽可能地选择节能环保的汽车,可以有效减少汽车尾气排放。

(2)掌握环保的驾车技术。在车辆技术状况相同的条件下,驾驶技术高低对燃料消耗的影响很大,正确合理的驾驶操作方法可以大大降低汽车的燃料消耗。不同技术水平的驾驶人,在相同条件下,驾驶相同汽车,油耗可相差20% ~40%,排放的废气量也会不同。在汽车驾驶过程中,提高起动质量,尽可能地减少加速和制动的次数,避免无谓的怠速,适当地滑行,合理地选择路线都可以降低汽车的排放量(图5-40)。

图5-40 排放过量

(3)加强汽车的维护。汽车油耗增高的原因很多,车上的点火系统、燃料供给系统、排放系统、润滑系统、底盘系统等各个方面如果运行不好,都可能导致油耗增加。适时的检查和维护,不但可以降低油耗,还可以改善废气的排放。

(4)减少汽车的使用量。树立良好的用车观念,在出行时适当考虑更为环保的自行车、公交车、地铁(图5-41)、轻轨(图5-42)等交通工具,将有效减少汽车尾气的排放量。

图5-41 地铁

图5-42 城市轻轨

二 汽车噪声污染

噪声是发生体做无规则运动时发出的声音,当噪声对人及周围环境造成不良影响时,就形成噪声污染,通常所说的噪声污染是人为造成的。噪声污染与水污染、大气污染、固体废弃物污染被看成是世界范围内四个主要环境问题。

随着汽车保有量的增加,汽车噪声污染已经成为现代城市噪声污染的主要来源。

1 汽车噪声的来源

汽车是一个高速运动的复杂组合式噪声源。汽车发动机和传动系工作时产生的振动、高速行驶中汽车轮胎在地面上的滚动、车身与空气的作用，是产生汽车噪声的根本原因。根据汽车噪声对环境的影响，可将汽车噪声分为车外噪声和车内噪声。其中，车外噪声对环境影响最大。

车外噪声是指汽车各部分噪声辐射到车外空间的那部分噪声。主要包括发动机噪声、排气系统噪声、轮胎噪声、气动噪声和传动系噪声。

1 发动机噪声

发动机噪声（图5-43）是汽车噪声的主要来源，除发动机体发出的机械声外，还包括进气系统噪声，即高速气体经空气滤清器、进气管、气门进入气缸，在流动过程中，会产生一种很强的气动噪声。发动机噪声主要由挡火墙和驾驶室的前底板部位传入驾驶室。

2 排气系统噪声

排气系统噪声（图5-44）是发动机噪声的一部分，主要包括消声器支撑架及排气管道振动辐射出的噪声、发动机振动及排气动作引起的辐射噪声、由排气口出来的排气噪声。

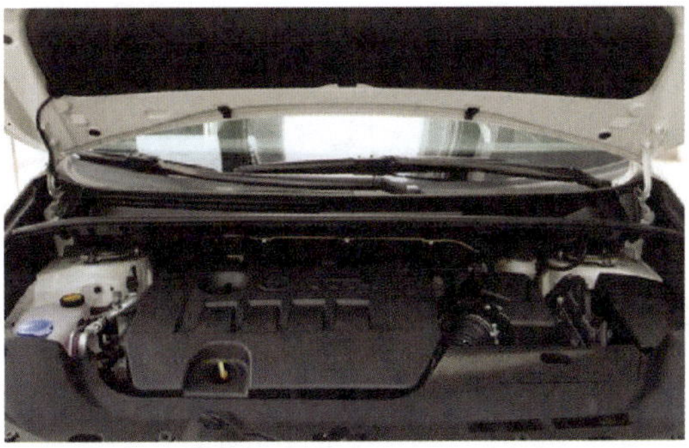

图5-43　发动机噪声

图5-44　排气系统噪声

3 轮胎噪声

轮胎噪声是由轮胎与路面摩擦所引起的，是构成底盘噪声的主要因素。一般的轮胎噪声主要由三部分组成：一是轮胎花纹间隙的空气流动和轮胎四周空气扰动构成的空气噪声；二是胎体和花纹部分振动引起的轮胎振动噪声；三是路面不平造成的路面噪声。

4 气动噪声

行驶中的汽车由于其周围的风而产生的噪声称为气动噪声，一共分为三种类型：一是风噪，就是由车身周围气流分离导致压力变化而产生的噪声；二是风漏，或叫吸出音，是由驾驶室及车身缝隙吸气而与车身周围气流相互作用所产生的噪声；三是其他噪声，包括空腔共鸣、风扇噪声、导管管道噪声以及天线、刮水器、后视镜及扰流器等附件振动引起的噪声。

5 传动噪声

在传动系中，噪声源主要包括变速器、分动器、传动轴、差速器和减速器等，传动系统噪声是由发动机传来的振动引起离合器盖、变速器盖等辐射出的噪声以及齿轮啮合激振引起壳体辐射发出的噪声。

2 噪声的危害

噪声污染(图5-45)对人、动物、仪器仪表以及建筑物均构成危害,其危害程度主要取决于噪声的频率、强度及暴露时间。

a) b)

图5-45 汽车噪声的危害

1 损伤听觉

噪声对人体最直接的危害是听力损伤。如果人们长期在强噪声环境下工作,会引起耳朵不适,如耳鸣、耳痛、听力下降甚至耳聋。研究表明,噪声污染是引起老年性耳聋的一个重要原因。

2 诱发多种疾病

噪声通过听觉器官作用于大脑中枢神经系统,以致影响到全身各个器官,故噪声除对人的听力造成损伤外,还会给人体其他系统带来危害。噪声会使人产生头痛、脑涨、耳鸣、失眠、全身疲乏无力以及记忆力减退等神经衰弱症状。长期在高噪声环境下工作的人高血压、动脉硬化和冠心病的发病率比在低噪声环境下工作的人要高2~3倍。噪声也可导致消化系统功能紊乱,引起消化不良、食欲不振、恶心呕吐,使肠胃病和溃疡病发病率升高。此外,噪声对视觉器官、内分泌机能及胎儿的正常发育等方面也会产生一定影响。

3 影响正常生活和工作

噪声对人的睡眠影响极大,人即使在睡眠中,听觉也要承受噪声的刺激。噪声会导致多梦、易惊醒、睡眠质量下降等,严重影响人的正常生活。噪声会干扰人的谈话、工作和学习。噪声会分散人的注意力,导致反应迟钝、容易疲劳、工作效率下降、差错率上升。

4 影响动物生存环境

噪声会对动物的听觉器官、视觉器官、内脏器官及中枢神经系统造成病理性变化。噪声对动物的行为有一定的影响,可使动物失去行为控制能力,出现烦躁不安、失去常态等现象,强噪声还会引起动物死亡。鸟类在噪声中会出现羽毛脱落、产卵率降低等情况。

3 汽车噪声的控制

汽车噪声的控制除了加强公民的公德意识以外,更重要的是在技术和法律层面进行创新和完善。汽车噪声的控制措施主要有以下几个方面。

1 改进汽车降噪技术

在汽车技术中降低噪声的方法有两个:一是对发动机、轮胎(图5-46)、车身和排气消声器等部件进行技术改进,使其达到降低汽车噪声的目的;二是对现有的汽车进行专业的吸音、隔音(图5-47)处理。

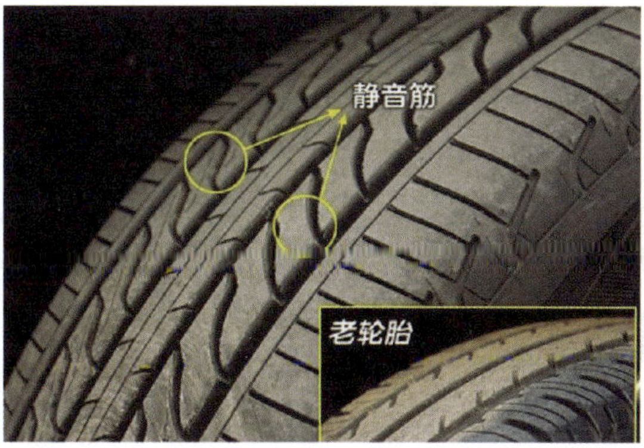

图5-46　降噪轮胎

图5-47　汽车隔音棉

2 加强噪声法规建设

国外工业发达国家自20世纪60年代起对机动车噪声给予了足够重视,制定了许多法规和标准来控制。1964年,国际标准化组织(ISO)制定了汽车噪声测定标准《声学·道路车辆加速噪声测量·工程测量法》(ISO R-362-1981),显著促进了汽车降噪技术和测量分析技术的深入研究和应用。

我国从1979年开始重视汽车噪声控制工作(图5-48),发布了两项国家标准《机动车辆允许噪声》(GB 1495—1979)和《机动车辆噪声测量方法》(GB 1496—1979)。《机动车辆允许噪声》分两个阶段规定了各类车辆加速噪声限值。从此,主管部门对新车型的鉴定考虑了对噪声的要求,制造厂也开始重视降噪工作。从1990年起,加速噪声指标变为决定新型车能否通过鉴定的关键指标之一。这项规定推动了汽车降噪工作,使汽车噪声有了较大的下降,合格率逐年提高。2002年,国家对汽车噪声标准进行了修订,噪声指标相对《机动车辆允许噪声》降低了3~4分贝,要求进一步提高。

图5-48　禁止鸣笛警示牌

3 采用道路降噪技术

(1)降噪路面。经研究发现,由于交通状况、车辆类型及驾驶风格不同,约90%的道路交通噪声由轮胎与道路相互作用而产生,设计降噪路面意义重大。目前的降噪路面

(图5-49)是在普通的沥青路面或水泥混凝土路面结构上铺筑一层具有很高空隙的沥青混合料,其孔隙能降低空气挤压而导致的"嘶嘶"声并削弱路面的声反射,可降低3~8个分贝的交通噪声。

(2)声屏障技术。采用构筑声屏障(图5-50)的方式来降低公路交通噪声是目前应用比较广泛的一种降噪方式。声屏障主要是通过声屏障材料对声波进行吸收、反射等一系列物理反应,在屏障的后面形成一个声影区,从而使噪声降低。据测试,采用声屏障可降低10分贝以上的噪声。

图5-49　含有橡胶的沥青路面

图5-50　加设隔音屏障

(3)种植降噪绿化林带。树木及绿化植物形成的绿带,能有效降低噪声。选择合适树种、植株的密度、种植的宽度可以达到吸纳声波,降低噪声的作用。当绿化林带宽度大于10m时,可降低交通噪声4~5分贝。

实训模块

1. 请同学们进入汽车实训室,在老师的指导下,使用废气分析仪测量不同车型的尾气排放数据,并记录。

2. 请同学们结合我国碳达峰和碳中和发展的目标,写一篇关于汽车节能减排的主要技术和手段的报告。

思考与练习

一、填空题

1. 汽车安全技术分为____________、____________。

2. 安全气囊的结构主要由________、________、________三大部分组成。

3. ________因素导致的公路交通事故率最高。

4. 汽车发动机排放的物质种类主要是________、________、________、________和________。

5. 同时汽车排放扩散到空气中,对环境造成巨大的破坏,如________、________、________、________等。

二、判断题

1. 安全气囊是主动安全技术。（　　）
2. 前轮抱死容易失去转向能力。（　　）
3. NCAP 是政府强制性实验。（　　）
4. 欧盟 NCAP 中有车辆对被撞行人的安全保护程度的测试。（　　）
5. 我国的酸雨主要是因大量燃烧含硫量高的煤而形成的。（　　）

三、选择题

1. 安全带是 20 世纪（　　）开始作为选装件装备在汽车上的。
   A. 40 年代　　B. 50 年代　　C. 60 年代　　D. 70 年代
2. 安全车身在设计车身时着重（　　）乘客舱部分，（　　）汽车头部和尾部。
   A. 加固；加固　　B. 削弱；削弱　　C. 加固；削弱　　D. 削弱，加固
3. C-NCAP 中安全等级最高的是（　　）。
   A. 一星　　B. 五星　　C. 五星 +　　D. 六星
4. 被人成为“空中死神”的是（　　）。
   A. 酸雨　　B. 温室效应　　C. 臭氧　　D. 光化学烟雾
5. 我国参照了（　　）的排放标准，制定出符合中国国情的排放标准。
   A. 美国经济委员会　　B. 日本经济委员会
   C. 德国经济委员会　　D. 联合国欧洲经济委员会

四、问答题

1. 汽车被动安全技术中可应用什么方法进行行人保护？
2. 欧盟 NCAP 的新车安全评价项目有哪些？C-NCAP 与欧盟 NCAP 有何不同之处？
3. 减少汽车尾气排放的措施有哪些？
4. 汽车噪声的来源有哪些？可以从哪几个方面控制汽车噪声？

第六章

未来汽车

知识目标

1. 了解未来汽车的趋势;
2. 了解未来汽车采用的新科技。

能力目标

1. 开阔视野,提高想象能力;
2. 提高归纳总结能力和口头表达能力。

素养目标

1. 了解未来汽车的发展方向,培养创新精神;
2. 了解智能网联汽车和新能源汽车的技术,培育科学素养;
3. 树立积极向上的人生态度,培养对美好生活的热爱和向往。

建议学时

2 学时。

第一节　汽车智能化

汽车已有一百多年的发展历史,从诞生的那一天起,它就从未停止过智能化发展的步伐。当前的信息技术革命正在推动汽车设计翻开新的一页,自动化、智能化、多功能化将成为未来汽车发展的新趋势。特别是电脑技术、自动控制技术以及现代信息融合技术和通信等高科技与汽车的结合,使未来的汽车成为更安全、更方便、更舒适的交通工具。汽车改变了 20 世纪人类的生活方式,推动了人类社会的进步,如今,即将应用全新智能技术的汽车,在 21 世纪将以更高的速度和效率将人类带入智能信息时代。

一 智能化的交通系统(ITS)

智能化交通运输系统,是在较完善的交通基础设施的条件下,将先进的信息技术、数据通信传输技术、电子传感技术、电子控制技术以及计算机处理技术和系统综合技术有效地集成并应用于整个运输系统,以解决交通安全性、运输效率、能源和环境问题,从而建立起大范围内发挥作用、适时、准确、高效的综合运输和管理系统。

在公路运输领域,智能化交通系统将汽车、驾驶人、道路及其相关的服务部门相互联系起来,并使汽车在道路上的运行功能智能化,从而使公路能够高效地使用公路交通设施和能源。该系统将采集到的各种道路交通及服务信息经交通管理中心集中处理后,传输到公路运输系统的各个用户(驾驶人、居民、警察局、停车场、运输公司、医院、救护排障等部门),出行者可实时选择交通方式和交通路线;交通管理部门可自动进行合理的交通疏导、控制和事故处理;运输部门可随时掌握车辆的运行情况,进行合理调度,从而使路网上的交通流运行处于最佳状态,改善交通拥挤和阻塞,最大限度地提高路网的通行能力,提高整个公路运输系统的机动性、安全性和生产效率。

1 绿波交通

绿波交通是指信号灯智能化设计和控制,以求车辆一路连过多个路口都是绿灯,畅行无阻。智能化交通运输系统,可以最大限度地利用好城市的每一条道路和交叉道口的空间,既提高了道路利用率,又保证了交通安全,使“绿波交通”成为可能。目前,绿波交通控制系统在国外已投入应用,国内一些路段也建立了“绿波带”(图6-1)。

2 电子收费

智能化的交通系统采用电子收费系统磁卡与电子不停车收费系统(图6-2)。这种方式是先让车主在银行购买磁卡,这种卡与普通IC卡的区别在于它超强的信息传递功能,有效识别距离可达数十米远。当驾驶人驾驶车辆进入中心城区时,将磁卡插入车辆的读卡器中,路边的电子收费系统就会自动读取相应的信息,从卡上扣除一定的费用。这种“非接触式卡”极大地方便了使用者和管理者。缴费工作仅在几秒钟内完成,车辆甚至无须减速。因而大大缩短了收费时间,有效缓解了交通拥堵的现象,实现了节能环保的目的。

图6-1 已经在国内应用的“绿波带”

图6-2 电子不停车收费系统(ETC)

3 自动化公路

自动化公路是指可供无人驾驶汽车行驶的公路。这条公路将开辟多条专用车道,利用铺设在路面下的磁片引导汽车行驶,并确定汽车在路面的位置;再在车上装上计算机导航系统,以适用复杂的道路情况。总控制台利用高效雷达通过磁片控制车速,保持车距。汽车行驶的全过程无须人为干预,只要事先设定好要去的位置,磁片就会在总控制台的指挥下,选择最佳路径,自动把车辆带到目的地。在自动化公路上行驶的汽车,即使在转弯处车速也可高达100km/h,而且车距可以很小。

二 智能化汽车

1 高智能安全避让系统

高智能安全避让系统是一种能让人与车自动避开危险的系统,该系统能预见未来,并能立即作出反应。无论是避让穿越马路的行人,或是迎面迅速开来的车辆,在需要时,它能自动接管转向盘的控制权(图6-3)。

a)

b)

图6-3 奔驰的PRE-SAFE制动系统

2 行车智能安全系统

行车智能安全系统目前已经渐渐地融入平时生活中,比如安吉星(图6-4),拥有碰撞自动求助系统、紧急救援系统、安全保障系统、导航系统、车况检测系统、全音控免提电话六大系统。车辆出现故障时,驾驶人只要按下按键,系统就会自动接通客服,客服人员会根据驾驶人的要求协助完成车辆检测。遇到车辆碰撞等紧急情况时,系统也会自动联系客服,并提供必要的救援。这套系统已经有不少通用车主开始体验了。

3 自动泊车系统

自动泊车系统就是不用人工干预,自动停车入位的系统(图6-5)。目前应用的泊车系统并非全自动,其原理是:遍布车辆周围的雷达探头测量自身与周围物体之间的距离和角度,然后通过车载电脑计算出操作流程,配合车速调整转向盘的转动,驾驶人只需要控制车速即可。

随着技术的发展,全自动的泊车系统将在汽车上广泛应用,驾驶人可以步出车外,关上车门，边走边朝汽车按下遥控器，汽车将自动按预先计算好的路线进行泊车。由于此系统大大方便了驾驶人的操作，节省了驾驶人的时间，未来汽车会将该配置列为标配。

图 6-4　后视镜上的安吉星行车智能安全系统

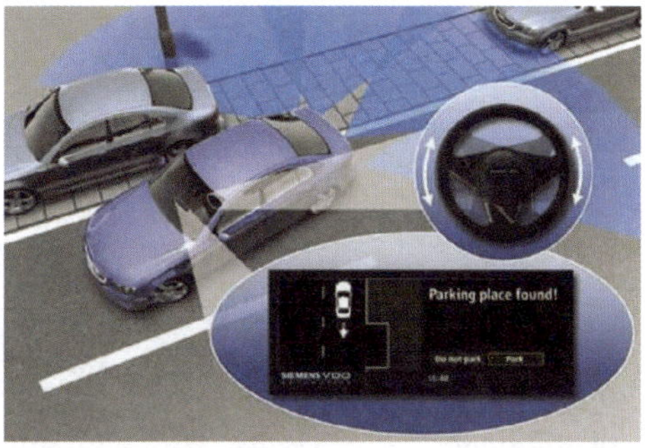

图 6-5　西门子 VDO Park Mate 独立驾驶人辅助系统

4 智能可变底盘系统

一般情况下，底盘行驶状态都是由厂家设定且不能改变的，这就有了通常所说的“轿车悬架偏软，跑车偏硬”。一辆车能不能同时拥有多种底盘模式呢？智能可变底盘系统让其变为现实(图 6-6)。驾驶人通过转向盘按钮就可选择舒适模式或运动模式。它的独特之处在于系统能利用全方位感应器，对车轮速度、转向盘角度及悬架作出调节。

5 瞌睡警告系统

为了防止瞌睡驾驶以及驾驶过程中目光涣散导致的交通事故，一些科学家开发出瞌睡警告系统。通过脸部识别系统以及其他传感器，监视驾驶人的脸部角度以及眼睑的闭合程度。一旦发现瞌睡驾驶或者驾驶人的视线偏离前方，立即发出报警声，并通过安装于脖颈部位的空调吹出冷风，提醒驾驶人谨慎驾驶。

6 汽车黑匣子

汽车黑匣子(图 6-7)，又称汽车工作信息记录仪或汽车安全信息记录仪。它有视频录像、录音、导航、电子狗、手机查车、被盗追踪、人车安全等功能；它能在发生事故时快速向绑定的手机发出求救信号，同时向服务中心报警，及时为人员和车辆提供安全急救措施。

图 6-6　装备主动悬架的奥迪 A8

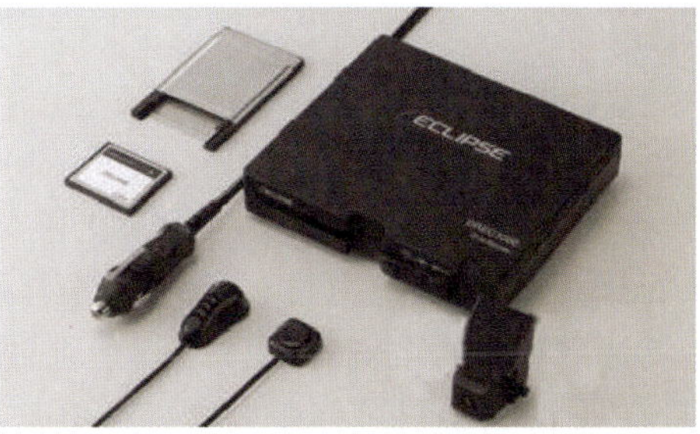

图 6-7　汽车黑匣子 DREC1000

7 无人驾驶汽车

目前,随着GPS卫星导航系统的广泛应用以及智能化交通系统的技术成熟,无人驾驶的智能化自动汽车成为未来汽车的趋势,如奥迪(图6-8)、google(图6-9、图6-10)等公司已经开始研究无人驾驶汽车。无人驾驶汽车主要依靠车内以计算机系统为主的智能驾驶仪来实现无人驾驶,它可以大大降低交通事故的发生率。

a)

b)

图6-8 无人驾驶的奥迪TTS

图6-9 google无人驾驶汽车

图6-10 测试中的google无人驾驶汽车

开发这种无人驾驶汽车的关键技术有两点:一是要研制能正确选择车道、感应障碍物、自动避免冲撞的技术;二是必须铺设专用车道。这种道路的核心是各种信息设备和传输技术,它通常由监测器、数据搜集器、中心电脑、电子显示牌和闪光灯等组成。随着电子技术快速发展,无人驾驶汽车普及在不远的未来将成为现实。

第二节 汽车轻量化

汽车轻量化,就是在保证汽车强度和安全性能的前提下,尽可能地降低汽车整车整备质量,从而提高汽车的动力性,减少燃料消耗,降低排气污染。实验证明,若汽车质量降低10%,燃油效率可提高6%~8%;汽车质量每减少100kg,百公里油耗可降低0.3~0.6L;汽车质量降低1%,油耗可降低0.7%。由于环保和节能的需要,汽车的轻量化已经成为世界汽车发展的潮流。

汽车轻量化的主要途径有以下几种:

缩小汽车的尺寸；
采用轻质材料；
采用计算机进行结构优化设计；
采用承载式车身，减小车身板料厚度等。

一 汽车小型化

汽车小型化（图6-11、图6-12）在保证足够内部空间尺寸前提下，通过调整汽车的主要尺寸以及零部件的布局，缩小外形尺寸，可减少材料消耗，减小质量，同时还可减少占路面积和停车面积。

图6-11 吉利熊猫

图6-12 长安铃木新奥拓

随着油价的不断上升和对环境保护的日益关注，几乎全世界的消费者都开始倾向于购买小排量的车型。在日本，0.66L以下小排量车的市场份额占总销量的60%以上；在欧洲，排量在1.0L以下小排量车的年销量达到450万辆，占汽车总销量的35%。

二 材料轻量化

当前，汽车轻量化的主要措施是采用轻质材料。为了适应汽车轻量化的要求，一些新材料应运而生并扩大了应用范围。以乘用车来说，1973年每辆车所使用的有色合金占全部用材的重量比为5.0%，1980年增至5.6%，而1997年则达到了9.6%。有色合金在汽车上应用量的快速增长是汽车材料发展的大趋势。

轻量化材料主要包括以下几个方面。

1 有色金属

1 铝合金

铝的密度约为钢的1/3，是应用最广泛的轻量化材料。以美国生产的汽车产品为例，1976年每车用铝合金仅39kg，2017年则达到了186kg/辆，2020年将达到211kg/辆。用于汽车的铝合金有以下几种：

（1）铸造铝合金。许多元素都可以作为铸造铝合金的合金元素，但只有Si、Cu、Mg、Mn、

Zn、Li在大量生产中具有重要意义。当然,在汽车上广泛应用的是多种元素同时添加的合金,以获得好的综合性能。铝合金铸件主要应用于发动机汽缸体、汽缸盖(图6-13)、活塞、进气歧管、摇臂、发动机悬置支架、空压机连杆、传动器壳体、离合器壳体、车轮、制动器零件、把手及罩盖壳体类零件等。

(2)变形铝合金。变形铝合金指铝合金板带材、挤压型材和锻造材,在汽车上主要用于车身面板、车身骨架(图6-14)、发动机散热器、空调冷凝器、蒸发器、车轮、装饰件和悬架系统零件等。

图6-13　铝合金汽缸盖

图6-14　铝合金车身

(3)铝基复合材料。铝基复合材料密度低、比强度和比模量高、抗热疲劳性能好,但在汽车上的应用受到价格及生产质量控制等方面的制约,还没有形成很大的规模。目前,铝基复合材料在连杆、活塞、汽缸体内孔、制动盘、制动钳和传动轴管等零件上的试验和使用显示出了卓越的性能。

2 镁合金

镁的密度约为铝的2/3,是汽车实际应用中最轻的金属之一。镁合金的吸振能力强、切削性能好、金属模铸造性能好,很适合制造汽车零件。镁合金大部分以压铸件的形式在汽车上应用,镁压铸件的生产效率比铝高30%~50%。在汽车上试用或应用镁合金的实例有车轮(图6-15)、离合器壳体、离合器踏板、制动踏板固定支架、仪表板骨架、座椅、转向柱部件、转向盘轮芯(图6-16)、变速器壳体、发动机悬置、汽缸盖和汽缸盖罩盖等。

图6-15　镁合金车轮

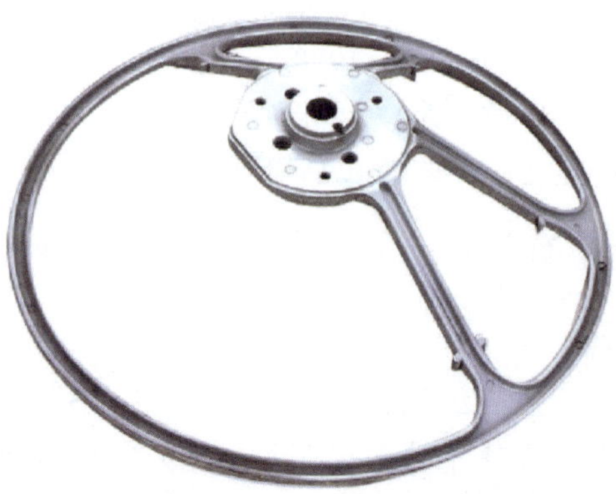
图6-16　镁合金转向盘

2 塑料

塑料是以树脂为主要成分,在一定温度和压力下塑造成一定形状,并在常温下能保持既定形状的高分子有机材料。它具有密度小、强度高、化学稳定性好、电气绝缘性能优异、耐磨损,减磨性、自润滑性、消声性和吸振性良好,着色自由、手感柔顺、可进行二次加工(着色、光亮处理、涂装、浮雕等)的特性。

用塑料作为汽车材料的最大优势是减轻车体的质量。从现代汽车使用的材料看,无论是外装饰件、内装饰件,还是功能与结构件,到处都可以看到塑料制件的影子。汽车中塑料的应用量已经成为衡量汽车设计和制造水平的一个重要标志。

目前,世界上不少轿车的塑料用量已经超过120kg/辆,德国奔驰高级轿车的塑料使用量已经达到150kg/辆。可以预见,随着汽车轻量化进程的加速,塑料在汽车中的应用将更加广泛,全塑车身是未来汽车发展的方向(图6-17、图6-18)。

图6-17　透明塑料汽车 eXasis

图6-18　塑料汽车"欢乐敞篷"

3 碳纤维复合材料

碳纤维由含碳量较高且在热处理过程中不熔融的人造化学纤维经热稳定氧化处理、碳化处理及石墨化等工艺制成。碳纤维是一种力学性能优异的新材料,它的密度不到钢的1/4,碳纤维树脂复合材料抗拉强度一般都在3500MPa以上,是钢的7~9倍。

碳纤维由于性能强、密度小,所以被广泛应用于航空航天领域。在汽车领域,由于使用成本高,只能在一级方程式赛车和某些超豪华品牌车辆(图6-19)上才能见到。随着碳纤维合成技术的进步、回收系统的完善、制造成本的下降,碳纤维复合材料将走下神坛,成为未来汽车广泛应用的轻量化材料。

图6-19　采用碳纤维车身的柯尼赛格

第三节　新能源汽车

现在汽车所用的能源基本上都是汽油或柴油,总有一天,这些不可再生的化工燃料将会枯竭。科学家们预测这一天大概是在21世纪中叶。人们不得不去寻找其他能源来代替矿物燃料驱动汽车。而且传统燃料排放气体带来的环境问题已经越来越严重,人们希望能有更多绿色的能源应用于汽车动力当中。未来汽车能源有以下几种选择。

一 液化石油气汽车(LPG汽车)

LPG汽车(图6-20)就是以液化石油气作为燃料的汽车。与传统的车用燃料(汽油和柴油)相比,液化石油气(LPG)具有优良的理化特性,它蒸发温度低,雾化性能好,更易于与空气混合,且燃烧速度快,燃烧更充分,因此LPG汽车排气中的CO、HC、NO_x等有害成分大大减少,且没有黑烟和积炭,是公认的清洁燃料。因此,LPG汽车是目前所有替代能源汽车中应用最为广泛的。

目前,全世界有超过54个国家采用了LPG汽车,总数接近1500万辆。但是液化石油气并未突破石油资源的范畴,只是暂时的绿色替代燃料。

二 天然气汽车

天然气是一种多组分的混合气体,主要成分是烷烃,其中甲烷占绝大多数,另有少量的乙烷、丙烷和丁烷等。相比于石油,天然气具有使用安全、热值高、洁净等优势。天然气汽车按燃料状态可分为压缩天然气(CNG)汽车(图6-21)和液化天然气(LNG)汽车。其中,较具推广价值的是压缩天然气汽车。

图6-20　LPG公交车

图6-21　新爱丽舍CNG汽车

使用CNG替代汽油作为汽车燃料,可使CO排放量减少97%,HC化合物减少72%,NO化合物减少39%,CO_2减少24%,SO_2减少90%,噪声减少40%。而且CNG不含铅、苯等致癌的有毒物质。因此,CNG是汽车运输行业解决环保问题的首选燃料。

三 醇类燃料汽车

醇类燃料汽车是指利用醇类(包括甲醇和乙醇)燃料做能源驱动的汽车。醇类燃料可以与汽油或柴油按一定比例配制成混合燃料,也可以直接采用醇类燃料作为发动机的燃料。

与汽油相比,醇类燃料具有较高的输出效率,能耗折合油耗量较低,由于燃烧充分,有害气体排放较少,属于清洁能源。甲醇主要从煤和石油中提炼,若形成规模生产,成本不高于汽油(图6-22);乙醇一般利用谷物和野生植物生产,成本较低(图6-23)。目前西方一些国家开始将醇类燃料与汽油掺混使用,掺混比例在5% ~15%以下时可不更改发动机结构,已经正式投放市场,更大比例掺混燃料处于研究试验阶段。作为醇类燃料的推广,主要困难有:甲醇产量较低,成本稍高;甲醇有毒,公众不易接受;冷启动困难,具有较强腐蚀性等。随着技术的进步,醇类燃料将有很大的发展使用空间。

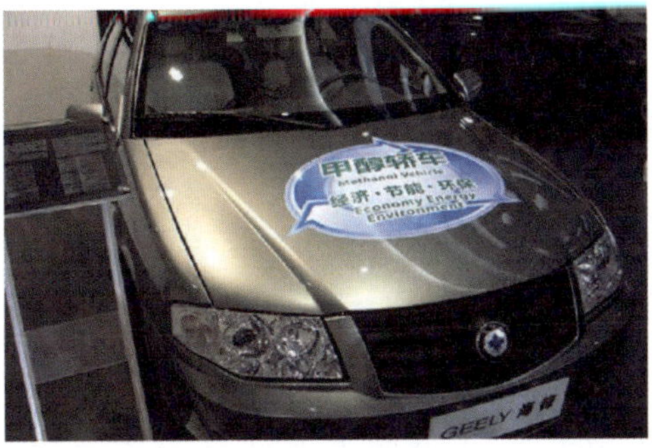

图6-22　上海华普甲醇轿车

图6-23　全乙醇燃料车雷诺 Sandero

如今,很多发达国家政府和汽车公司都大力推动醇燃料汽车的研究、试验和示范推广,并由国家议会列为清洁燃料予以发展,其中乙醇燃料是更具有推广价值的醇类燃料。巴西是世界上最大的燃料乙醇生产和消费国,也是唯一不使用纯汽油作为汽车燃料的国家。

四 氢气汽车

由于氢气燃烧时放出的热量是相同条件下汽油的三倍,而且燃烧产物是对环境无害的水,因此氢气是一种绿色高能的燃料。由于其具有热值高、无污染,储量丰富等优势,因此,氢动力汽车是传统汽车最理想的替代方案。

目前氢气作为汽车动力主要有两种方式。一种是以氢作为燃料电池的燃料与氧发生化学反应,从而产生电能起动电动机并驱动汽车,但氢气储存和携带限制了它的发展,这种汽车要真正投产还需要一定的时间。另一种方式是以氢气直接作为燃料燃烧产生动力,长安汽车在2008年北京车展上展出了自主研发的中国首款装有氢气内燃机的概念跑车“氢程”(图6-24)。

五 纯电动汽车

纯电动汽车是指驱动能量完全由电能提供的、由电机驱动的汽车(图6-25)。由于电动汽车具有无排放污染、效率高、噪声小的优点,在一些城市的市区已经开始被大力推广。

图6-24　氢程

图6-25　BMW i8 电动汽车

同样,限制电动汽车发展的是汽车蓄电池技术,现有技术水平制出的蓄电池体积大、质量大、造价高、使用寿命有限,而电动汽车一次充电行驶里程也很有限,这些都限制了电动汽车的普及使用。要使电动汽车大规模应用,必须依靠蓄电池技术的发展。

六 太阳能汽车

把太阳辐射的能量收集起来,并转换成电能,以此为动力的汽车就是太阳能汽车(图6-26)。它是最洁净无污染的交通工具。太阳辐射到地球表面的能量,每平方米约有1kW。从理论上来说,把太阳能转换成电能,效率可达30%。目前世界上最先进的技术已经能够达到20%左右的转换效率。8m^2 大小的太阳能板能提供一辆小型汽车所需的电力。经测算,一辆太阳能轿车一年可省油500L。

a)

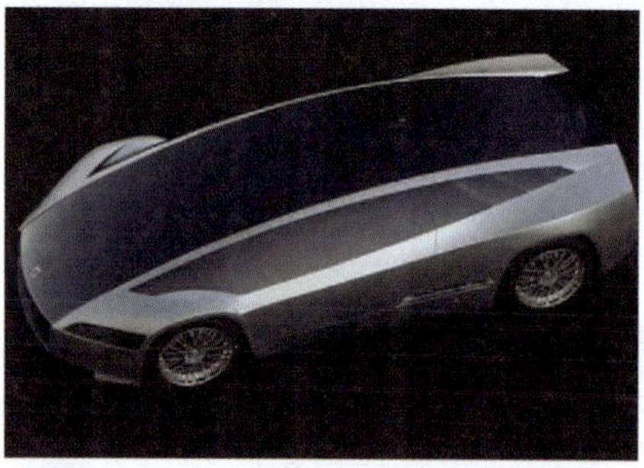

b)

图6-26　造型各异的太阳能汽车

虽然现在世界各国的太阳能汽车已经有很大的发展,但与燃油车和一般电动汽车相比,水平还相差很远,太阳能电池还远远没有达到使用要求。特别是在阴雨天,太阳能汽车就无法使用。

澳大利亚每隔三年举行一次世界最大规模的太阳能汽车大赛,全程3000km。2005年,参赛的太阳能汽车平均时速已达103km/h。太阳能汽车最可能的发展方向是成为使用太阳能、燃油、电力等多种能源的混合动力汽车。

七 混合动力车

石油、液化石油气、电力、太阳能及氢气等各种能源各有优缺点。在电动汽车、燃料电池汽车、太阳能汽车技术还不能普及使用的情况下,最好的发展就是走混合动力的道路(图6-27、图6-28)。当汽车在城市行驶时,采用无污染、低噪声的电力作为汽车动力;在城市以外的地区,将动力改为汽油、液化石油气等,可以发挥它们动力充足、行驶里程远的优势,从而实现优势互补。

图6-27　比亚迪汽车混合动力系统

图6-28　丰田卡罗拉混合动力汽车

实训模块

1. 利用网络、课外书本等资源,搜集相关资料,设计一个ppt,利用多媒体介绍一下国内电动汽车的发展概况。

2. 发挥你的想象力,描述一下你心中的未来汽车应该是什么样子的。它应该具备什么性能和特点?可用文字、手抄报、绘画作品、电子杂志以及ppt等方式呈现。

思考与练习

一、填空题

1. 智能化交通运输系统将________、________、________及其相关的服务部门相互联系起来,并使汽车在道路上的运行功能智能化。

2. 行车智能安全系统拥有________、________、________、________、车况检测系统、全音控免提电话六大系统。

3. 用于汽车的铝合金主要有________、________、________。

4. 天然气汽车按燃料状态可分为________和________。

5. 限制氢气燃料电池汽车发展的瓶颈是________。

二、判断题

1. 碳纤维的质量比钢较轻,但抗拉强度比钢高。 (　　)

2. LPG 汽车不会产生排气污染物。 (　　)

3. 醇类燃料汽车包括甲醇汽车和乙醇汽车。 (　　)

4. 太阳能汽车最可能的发展方向是成为使用太阳能、燃油、电力等多种能源的混合动力汽车。 (　　)

三、选择题

1. (　　)年北京车展上展出了自主研发的中国首款装有氢气内燃机的概念跑车“氢程”。

A. 2006　B. 2008　C. 2009　D. 2010

2. 目前,(　　)是世界上最大的燃料乙醇生产和消费国,也是唯一不使用纯汽油作为汽车燃料的国家。

A. 美国　B. 日本　C. 巴西　D. 新西兰

3. 限制电动汽车发展的是(　　)。

A. 蓄电池技术　B. 底盘技术　C. 发动机技术　D. 电控技术

4. 从理论上来说,把太阳能转换成电能,效率可达(　　)。

A. 10%　B. 40%　C. 30%　D. 50%

四、问答题

1. 开发无人驾驶汽车的关键技术是什么?

2. 汽车轻量化的方法有哪些?

3. 甲醇汽车推广较难的原因是什么?

4. 氢气作为汽车动力有哪几种方式?

5. 简述各绿色动力的优缺点。

参考文献

[1] 李青,刘新江.汽车文化[M].2版.北京:人民交通出版社,2013.

[2] 凌永成.现代汽车与汽车文化[M].北京:清华大学出版社,2005.

[3] 曲金玉,任国军.汽车文化[M].北京:机械工业出版社,2006.

[4] 谢永东.汽车文化[M].武汉:华中科技大学出版社,2008.

[5] 刑忠义.汽车新结构与新技术[M].北京:机械工业出版社,2008.

[6] 臧杰,阎岩.汽车构造[M].北京:机械工业出版社,2005.

[7] 胡悦喆.跟我学修汽车[M].哈尔滨:哈尔滨工程大学出版社,2009.

[8] 付于武,毛敏.重新定义汽车:改变未来汽车的创新技术[M].北京:机械工业出版社,2017.

[9] 中国汽车技术研究中心 中国新能源汽车动力电池产业发展报告——动力电池蓝皮书(2017)[M].北京:社会科学文献出版社,2017.

[10]林平,车志:世界著名汽车公司[M].北京:化学工业出版社,2013.